The quantum field where your wishes come true

あなたの意のまま願いが叶う☆クォンタム・フィールド

神秘とリアルをつなぐ量子場の秘密

Nami Yoshikawa
佳川奈未

青春出版社

ここから、
クォンタム・フィールド（量子場）という
不思議な世界に入る——

新たな世界をひらく「まえがき」

高い法則へと、入っていこう！

量子をみかたに願いを叶え、うれしすぎる人生を叶えるために！

「クォンタム・フィールド」＝量子場の世界へようこそ！
ここは、あなたの願いや夢、憧れの世界、望む現実を、
なんでも叶える〝聖なるエネルギーフィールド〟です。

そこには、因果関係というものが一切ありません。

つまり、「〇〇したから、◇◇になる」

「〇〇しないなら、△△にならない」

というものを超えた、もっと高い法則があるだけです！


また、そこには、現在と未来のエネルギー的な膜を通りぬけ、

〝叶えたいこと〟と〝叶った現実〟を結びつけ、新しい世界をこしらえる「量子」が存在します！

それこそが、あなたの意のままに、すべてを現象化する魔法のエッセンス♪


ここから、あなたは、自分の現実が、運命が、いかにして形を成していくのかを、わくわく知ることになるでしょう。

「クォンタム・フィールド」という量子が働く〝神秘の領域〟へと入っていく方法を、手にすることによって！


そうなれば、もはや、不本意な現実など、どこへやら。

望むまま、思い通りに、願いや夢はふんだんに叶い、もう、うれしすぎてお話になりません。


おっと！　ここで、長々と話してお引き止めするつもりはありません。

さっそく、本文へとご招待いたしましょう！

あなたの願う人生を、幸せな運命を、ここに祝福して♪

きっと、読み終えたあと、あなたの意識も、起こる出来事も、現れる世界も、すべてはみちがえるほど、変わっていることでしょう！

ミラクルハッピー　佳川　奈未

2021年　3月　吉日

あなたの意のまま願いが叶う☆
クォンタム・フィールド

目次

新たな世界をひらく「まえがき」
高い法則へと、入っていこう！
量子をみかたに願いを叶え、うれしすぎる人生を叶えるために！……4

Chapter 1

神秘の領域☆「クォンタム・フィールド」に入る♪……17
――そこでは、あなたの意のまま、すべてが自動的に起こる！
すべて意のまま☆神秘とリアルの世界へ、ようこそ♪……18
うれしすぎる特徴がいっぱい！
お望み通りの人生をどうぞ！
魔法のセンサーにふれる♪……24
あなたの〝あるもの〟に対して反応するキー！
それは、いったい何!?

目次

クォンタム・フィールドに、わくわく入る♪……30
〝大いなる可能性〟の世界のドアは、自動でひらく☆
どうぞ、中へ♪

あなたはこうして、意図を発する！……35
無自覚ではいられません。
現象化を促進させるものが、あるのですから！

場は、こうして、みごとに変化する♪……39
あなたの内部と外部は連動している☆
そこには、運命の指示書がある！

本来、人は、すんなりそれを叶えている……46
ひとつの願いが叶う☆
全工程は、かんたんすぎて驚く♪

まだ何もしていないうちに、結果を受け取る!?……51
〝目に見えない領域〟のものは、
時空を超えて、目の前に現れる！

無意識（潜在意識）とつながる♪……57
「叶う摂理」は、超シンプル☆
〝思い〟と〝現象〟をつなぐ方法とは!?

✳ダイレクトに、フィールドをゆさぶる……61
いっそ、大胆にどうぞ♪
この道具を使えば、それが可能となります！

✳正すべきものを、正す……65
おかしな言葉で人生にとどめをささない☆
それだけで、人生好転する！

✳いやなことを、なかったことにする方法……70
ネガティブなことが〝なかったこと〟になる☆
その、素敵な方法とは⁉

Chapter 2

願いを叶える☆
魔法システムを持つ♪……73
――なんでもかんでも、すんなりスイスイ☆かんたんに現象化する！

効果的に願いが叶う☆オーダーの秘密♪……74
何がほしいか教えてください。
あなたのすべては応えてもらえる！

ちょっとでもほしがると、来るよ☆ご注意ください……80
加減というものを知らないのか!?
それは、どっさり届けられる

なくてはならないもの☆それは、何？……86
あなたとフィールドの〝共通の心的態度〟が、
受け取りを確実にする♪

静寂をつかまえる……91
現象と現象の間の「無」の時間に
次の場面はつくられ、運命が動き出す！

直感その1☆それは突如、降りてくるよ！……96
フィールドからの「語りかけ」☆
それは、神の声!!

直感その2☆ちょっと、アクションするよ♪……101
幸せなおぜんだてに乗るために、
すばやく行動してください☆

Chapter 3

このまま幸運をキープする♪

――ほしいものが〝予期せぬプレゼント〟として、宅配のごとくあなたに届く日常を叶える！

✳直感その3☆運命が花ひらくよ♪ 閃くものには、意味がある☆ その意味を考える必要はない！……104

✳つまりのすべてを、そうじする♪ 心のパイプをきれいに通しなさい☆ それこそが、すべてが通るもと……109

このまま幸運をキープする♪ ――ほしいものが〝予期せぬプレゼント〟として、宅配のごとくあなたに届く日常を叶える！……113

✳体の声を聞いて、進みなさい！ 生命という神の働きが、自分を安全に、快適に導く☆……114

✳あなたを盛り上げるハッピー・サインは、これ！ キャッチしたい〝幸運の前兆〟☆ 知っておきたい感覚があります♪……122

✳目次

✳〝ハッピーに安定した状態〟で、いること♪ ……127
高いレベルで安定していなくてはならない☆
そのためにすべきこと

✳〝魔法のお部屋♪〟が、願いを叶える! ……129
ミラクルはいつも、あなたの日常から起こる☆
秘密の習慣を手に入れよう

✳夢に〝ふさわしい〟自分に、なる! ……135
あなたの叶えたい世界と、あなた自身は、
切っても切れない関係!!

✳ほしいものに対するお支払いには、条件がございます ……139
高額代金は必要なし。
ただし、〝支払い方〟は、フィールド独自です

✳もはや、祈らない☆ ……142
そこにいながらにして、すべてが成り立つ♪
それこそが、魔法!

Chapter 4

〝奇跡が起こる領域〟に、踏み込む♪

――あなたが身を置く環境を、まるごとミラクルで満たすやり方

〝奇跡が起こる領域〟に、踏み込む♪ …… 145

＊〝幸運あふれる安定期〟に入る♪ …… 146
ちょこちょこ「いいこと」がある☆
そんな状態を持ち、長くキープする！

＊あなたの〝空気感〟が、ものを言う!? …… 149
あなたは気づかないかもしれない。
が、世界はそれをキャッチする

＊高い周波数のエネルギーを、あびる …… 155
場も人も共鳴し、パワーを広げる☆
そのとき、自然にレベルUPする！

＊いっそ、光り輝くスターに！ …… 160
お望みならば、まぶしいスターのような存在に、
あなたもなれる！

目次

いま・ここ・すべての法則☆ 163
家にいながら、時空にダイブし、叶えたい未来を、いま用意する♪

ゼロになり、チャンネルを合わせる 169
「パラレル・ワールド」という、もうひとつの新たな人生を出現させる方法

場と一体化する呼吸法とは!? 176
アースパワーと同調すれば、もはや、世のすべてがあなたのみかた♪

すべては、完璧に行われる! 179
その順番、そのやり方、その場面☆すべては必然! コースは正解!

愛と感謝で、すべてを超越する 184
あなたのすべてを愛してください☆そのとき、おだやかな人生が現れる!

感謝をこめた「あとがき」
あなたが「フィールド」を愛すると、
「フィールド」もあなたを愛する！
＊幸せで、優しくて、神秘的☆
あなたを守る神の力が、いま、まさに働いている …… 188
佳川奈未　最新著作一覧☆ …… 192

本文デザイン　浦郷和美
本文ＤＴＰ　森の印刷屋
校正　鷗来堂

Chapter 1
神秘の領域☆「クォンタム・フィールド」に入る♪

そこでは、あなたの意のまま、
すべてが自動的に起こる！

すべて意のまま☆神秘とリアルの世界へ、ようこそ♪

うれしすぎる特徴がいっぱい！
お望み通りの人生をどうぞ！

もし、この世に、あなたの意のままに、すべてが起こる！　というような魔法があったら、あなたはどうしますか？　そして、そういう空間の中で、すべてに満たされて生きられるとしたら？

「それが、本当にあるんです♪」ということになれば、ここからあなたは何を叶えたいですか？　何を手にしたいですか？　どんな人生を送りたいですか？

実は、そんな魔法が働くフィールドが、この世に、宇宙に、ちゃんとあったのです！

ズバリ、それこそが、あなたの意のままますべてを叶える「クォンタム・フィールド」！

聞きなれない言葉に戸惑う人もいるかもしれませんね。しかし、聞きなれないとはいうものの、実は、あなたは、すでにそのフィールドの中で生きていたのです。今日、この瞬間まで!!

「クォンタム・フィールド」とは、ひと言でいうと、量子場! そこは、すべての人・物・事・現象を司り、世界をも動かす偉大な力を持つ〝聖なるエネルギー・フィールド〟なのです!

〝大いなる可能性に満ちた場〟であり、不可能のない世界! 別の言葉でいうと、〝無意識の領域〟=潜在意識の世界であり、〝神の領域〟です!

「無」から、「有」を生み出す〝創造の場〟であり、言うなれば運命製造工場の本社であり、現象配達センターでもあります!

そこは、まさに! あなたが生きることになる〝運命〟の大本《おおもと》です!

「クォンタム・フィールド」は、あなたの意のままに、すべてが現象化される場であり、その現象物である結果を、あなたの現実世界へと、自動的にお届けするシステムを持っています！

そのフィールドでは、あなたの望むものを製造もできるし、お届けまでもできるのです！　一貫したオートメーションシステムがあり、魔法の工場内はつねにフル稼働！　かたときも休むことなく、あなたのために、日夜、せっせと働いています！

あなたの「願いごと」を受け付ける体制は、つねに万全に整っており、いつでも、いくらでも、よろこんで受け付けてくれます♪

あれもこれもと、大きなことから小さなことまで、好きなものを、自由に、何度でも、オーダー可能で、拒否されることなど、一切ありません。

望むことはそのつど叶えられ、必要なものは必要に応じて与えられます！　なんともうれしすぎるお話です♪　むしろ、「何も起こらない！」「お願いしたものが、来ない！」「忘れられている！」ということなど、一切、ありません。

しかも、毎度、〝幸運のおまけ〟の特典付き♪　で、届くので、サプライズ感も、はんぱではありません。

しかも、しかも！　それらすべての仕組みと結果を受け取るための登録料も使用料も無料！　一生使える、とんでもなくハッピーな、フィールドです！

たとえていうなら、それは、あなたがインターネットで何かを注文したならば、忘れていても、そのあとその商品が届けられるのと似ています！　たまに、その業者からの「サンプルプレゼント」などが、おまけで付いているように。

あなたがインターネットを通して、ショップに何かを注文することで、あなたは、〝それまで持っていなかったものを、持つことになる〟わけです！

同じように、「クォンタム・フィールド」を通して、願いや夢を注文することで、あなたは、〝それまでなかった状態を、ある状態にできる〟わけです！

けれども、インターネットのショップのシステムより、もっと高い利便性と有効性、満足性と幸運性と魔法性を備えており、はるかに高い確実性を持っているのが、この「クォンタム・フィールド」なのです！

というのも、インターネットのショップでは、たまに、注文ミスがあったり、届くのが遅かったり、商品の発送自体が忘れられていたりする場合もありますよね。

しかし、「クォンタム・フィールド」では、そんなことがなく、ただ、完璧さがあるのみ！　だからです♪

それに、インターネットショッピングでは、何かを注文した限り、いやでも高い代金を支払わなくてはならないことでしょう。が、この「クォンタム・フィールド」では、お金の支払いは不要です。

これ、ありがたすぎません？

かわりに、お支払いいただくものがあるとすれば、あなたの〝意〟とするものだけ♪
ただし、それは、「前払い」の条件、となっておりますが。

自分の〝意〟を、「前払い」できる人だけが、次から次へとなんでも叶うこの魔法の領域へすんなり入り、望むままの運命を手にする者となれるのです！

続きを、次の項より、追ってお伝えしましょう！

魔法のセンサーにふれる♪

あなたの〝あるもの〟に対して反応するキー！
それは、いったい何!?

とにかく、魔法の領域である「クォンタム・フィールド」は、あなた自身のすべてや、あなた以外の物事や現象や人やすべてのものを総動員して、同時進行かつ自動方式で動かし、あなたの望む現実や、運命までもこしらえる神秘とパワーに満ちています！

そんな素晴らしいフィールドに入るために必要なキーこそ、前項でチラッとお伝えした、あなたの〝意〟となるものです！

〝意〟とは、あなたの「意識」です！　そして、そこから派生する「意思」、生み出される「意図」です！

それを、自分に「前払い」できる人だけ、次から次へとなんでも叶う〝魔法のフィールドのキー〟を持つ者となり、そのドアのセンサーにふれ、自動的に中に入る者となるのです！

いや、しかし、入るといっても、それは、どこにあるのかというと、その答えは、「目には見えない領域」です！

とりもなおさず、それは、あなたの心や体、細胞の一つひとつの中、地球の内部、宇宙全体にあるものであり、それら全体をすっぽり包み込んでいるエネルギー・フィールドなわけです。

目には見えないエネルギーのフィールドのドアをあけるためには、同じく目には見えないものである、あなたの〝意〟という、意識、意思、意図をキーにするしかありません。

そのキーがフィールドのセンサーにふれるとき、自動ドアが自然とひらくことになるのです！

しかし、**その魔法の働きのすべては、〝無意識の領域〟で行われるのが、特徴です！**

それゆえ、この〝無意識の領域〟に、あなたのセンサーが正しくふれることが重要なのです！　正しくとは、「あなたの望む形で♪」ということです。

そうすれば、あなたは「クォンタム・フィールド」にすんなり入り込め、その世界と同化し、自動的に、意のまま、すべてを正しく叶えられます！

とはいうものの、何を隠そう！　このフィールドに、あなたはすでに、無意識のうちに、〝意〟の「先払い」をして、無意識のうちに入り込んでいたからこそ、必然的にいまの現実を「得ている」わけですよ。

その、得た、いまの状態や人生をあなたが気に入っているかどうかは知りませんが、あなたの本意・不本意に関係なく、あなたがこの現実で何かを得ているということは、それなりの〝意〟をフィールドに「前払い」した結果なのです！

つまり、**受け取る結果の良し悪しを決めていたものこそ、あなたが〝無意識〟のうちに「前払い」した〝意〟の「性質の善し悪し」なのです！**

「えっ？　不本意なものがくるのも、わたしがなんらかの〝意〟を前払いした結果だというの？　でも、クォンタム・フィールドは魔法の領域で、わたしの願いや夢を叶えてくれるのですよね!?　なんで、不本意なことになるの？」などと、おかしなことを言わないでくださいよ。

フィールドの働きが完璧だからこそ！　あなたの〝意〟としたものを、そのままお届けしたままでですからねぇ～。

質の悪い注文をしておいて、「届いたものが不本意だ」と、泣いたり、怒ったりするのは、おかど違いというものです。

自分がおかしなものを〝意〟としておきながら、受け取った現実をおかしなものだと嘆くのは、「たんぽぽ」の種をまいておいて、「さくらが咲かない！」と、嘆いていているのと同じくらい、わかりやすいミスです！

しかしまぁ、しかたありません。なにせ、このフィールドのことなど、親からも学校の先生からも、これまで聞いたことも、教えられたこともなかったわけですからねぇ～。けれども、ここから、人生はいくらでも、挽回できます！

さて、話を戻しましょう！

その、あなたの〝意〟としたものの、善し悪しによって、あなたの現実で起こる出来事や出逢う人、惹き寄せるもの、得る結果や運命全体が、どういうものであるのかが、決定されていたわけです！

しかし、〝無意識〟のうちに、〝無意識の領域〟で、すべてが行われ、自分の受け取る現実や運命が知らないうちに決定され、ある日、ひょっこり、その産物である現象が届くのだとしたら、そんなおっかないこと、たまったもんではありませんよね。

なんとかしたいと思いませんか？　できれば、思うままに！

要は、あなたが望む形で、〝無意識の領域〟に入れ、受け取れるものを望むものにできたら、何も心配することはないわけです。

そのとき、〝無意識の領域〟に望む形で入るためにも、あなたの〝意〟、つまり、意識、意思、意図というものの協力が、絶対に必要不可欠になってきます！

それゆえ、**ここで、わかっておきたい大切なことは、自分が常日頃、何を、どう意識しているのか。まずは、そこに注意してほしいということです!!**

そこを自分がわかっていれば、意識的に望む形で〝無意識の領域〟に入っていけ、「クォンタム・フィールド」にもそのまま入っていけ、望む現実や運命にすんなり入っていくことができるからです！

そうなると、もはや、いやでも意のまま、人生思い通り！　に、ならざるを得なくなります♪

クォンタム・フィールドに、わくわく入る♪

〝大いなる可能性〟の世界のドアは、自動でひらく☆ どうぞ、中へ♪

「無」から「有」を生み出す創造の場であり、運命製造工場の本社であり、現象配達センターであり、〝あなたの意のまま、すべてを叶える♪〟という「クォンタム・フィールド」は、目には見えない〝無意識の領域〟にあります！

そこに、正しく自分の望む形で入ることが、あなたの願いや夢を叶える秘訣です！

というわけで、前項では、「クォンタム・フィールド」の自動ドアにふれるセンサーキーとなるものが、同じく、目には見えない、あなたの〝意〟だということをお伝えしましたね。

そして、ここでは、いよいよそのフィールドに、しっかり入っていきたいわけですが、本当は、入るも入らないもなく、勝手に入ってしまっているわけですよ。無意識のうちにね。しつこく言うようですが。

で、**その、「クォンタム・フィールド」へと、人は、何によって、無意識のうちに、勝手に入ってしまうのかというと、あなたが最初に「意識」を向けたものによって、です！**

お伝えしましたね。自分が常日頃、何を、どう意識しているのかに、注意してほしいと。すべての変化は、「意識」から始まるからです！

あなたが常日頃、「意識」していること（顕在意識）は、〝無意識の領域〟（潜在意識）へと、無言で引き渡されていきます。

つまり、目に見えない領域ですべてが無言で成立し、目に見える世界にやってくるということに、なっているわけです。

そのとき、**「意識と無意識」「神秘とリアル」「現在と未来」「思いと現象」の〝エネルギーの膜〟と〝時空〟を通りぬけ、〝叶えたいこと〟と〝叶った現実〟を結びつけるのが何を隠そう！　量子の働き！　なのです‼**

そして、あなたの〝意〟のセンサーを感知した量子の変化を受け、新しい世界をこしらえるために、あなたの内部や外部のすべてを統合し、連動させ、世界をゆり動かし、あなたの願いや夢や望む状態を叶えるのが、「クォンタム・フィールド」なのです！

ちなみに、量子はフィールドそのものであり、フィールドは量子場それ自体です！

それで、ですよ、「潜在意識の法則」（無意識の法則）では、あなたがくり返し意識していたことや、強烈なインパクトを持って意識したことや、強い思い込みや自己暗示は、一瞬のうちに潜在意識＝無意識の領域に、刻まれる！　わけです。

が！　が！　**実は、最初の段階の〝軽いちょっとした感じの意識〟でさえも、本当は、あなたは、自分自身の内部、自分がいる場、生きているフィールドにある量子を微妙に動かし、何かを変化させてしまっているわけです！**

しかし、それは、〝あまりにも微細なエネルギー〟なので、あなたはその変化をあまり自覚することはできません。いや、本当は、その微細なものを感じ取っているからこそ、それなりに次の場面へと流されているわけですがね。

たとえ、ちょっとした軽い意識であっても、あなたがそれにフォーカスしていくと、いやでも、量子はそれに反応し、フィールドを動かし、みあった変化を起こしていくのです！

それで、だからこそ、ここからが重要！

なにせ、「クォンタム・フィールド」には、無数の、数え切れないほどたくさんの可能性を秘めた世界と、そこをひらく、これまた数えきれないドアがあるわけです！

そのドアは、自動ドアですから、誰でも意識を持つ者なら、かんたんに中に入れてしまうわけです。が、それゆえ、気をつけたいのは、あなたの意識の〝質〟なんです！

あなたの意識いかんによって、どの世界の自動ドアがひらくのかが、違ってくるからです！

あなたの〝意〟のセンサーを介して入ったドアの先には、それにみあった世界がひろがっているわけです。そして、どんな現象を製造し引き渡そうかと、量子もまたあなたのその〝意〟に沿うべく、さまざまにうごめき、変化し、その結果を、フィールド全体を使って生み出すのです！

そう、量子は、あなた自身の内部の心身の状態はもちろん、外部の環境や人間関係や出来事をすべて連動させながら変化し、フィールド全体を、あなたの住む世界全体をゆさぶって、オートマチックに新たな現実をつくっていくわけです！

つまり、あなたが、何かしらへ「意識」を向けることが〝きっかけ〟で、その後のすべてが決定される！　のだ、ということです。

〝意〟＝意識、意思、意図の、最初のものである「意識」は、どちらかというと、すべてではなく、始まりです！　いや、いや、始まりだからこそ、そこからすべてにつながっていってしまうから、注意しておきたいのは、なおさらなのですよ。

あなたはこうして、意図を発する！

無自覚ではいられません。現象化を促進させるものが、あるのですから！

あなたの〝意〟の最初の段階である「意識」は、あなたが注目し、好意的に支えるほど、はっきりとした「意思」となります。

そして、「意思」を受け止め、納得し、許可するとき、それは「意図」へとレベルアップします。

そうやって、しゃぼん玉のような危うい最初の意識の状態から、より確かなもの、よりエネルギーを持った、決定的なものになっていきます！

そして、「意図」は、確固たるエネルギーと刺激物となり、「クォンタム・フィールド」の持つ現象化作用を促進させるのです！

とにかく、ひとたび、あなたが何かを「意識」するやいなや、あなたはそこに自然にフォーカスすることになり、同時に、それなりのイメージや感情が喚起されます。

そのイメージを好ましく自分の中で展開し、明確にしていくとき、そのイメージの世界は、ある世界観を示すエネルギーになっていきます。

そのエネルギーには情報があり、それゆえ、あなたに何かを伝え、思わせ、考えさせ、「意思」を持たせます。

その「意思」を、素直な感情とともに、さらに興味深く、観察していくとき、今度は、あなたの中に、そこから〝どうしたい〟とか、〝どうなりたい〟とか、そのために「こうしよう！」という「意図」が生み出されるわけです！

こうして、あなたの〝意〟は、「意識」↓「意思」↓「意図」となり、そのつど量子を変化させ、その独特のエネルギーを無意識的に、〝無意識の領域〟であるフィールドに引き渡し、現象化を叶えるのです！

ここまでのことを文章にすると長いわけですが、実は、それを、あなたは、ほぼ、一瞬で行っているのです！

それは、**時間にすると、ほんの数秒のことで、そのほんの4秒～17秒の間に、「クォンタム・フィールド」は、あなたからやってくるメインとなる〝意〟の印象をエネルギーとして取りこみ、〝あなたに望まれたもの〟として、ただちに現象化すべく、仕事に取りかかっているのです!!**

いいですか！　ほんの数秒で、あなたはどこかへ連れて行かれるということであり、あなたのその後が方向づけられているということですよ！

これをわかっていないというのは、ある意味、怖いことだと思いませんか？

いや、わかっていないから、これまであなたは、自分がこしらえた不本意な現実を目の前にして、「悪い星のもとに自分は生まれた」だの、「神様が罰を与えた」だの、「親が悪い」だのと、どんなことにも平気で不平不満を言い、そのくせ、まったくすっきりせず、見えない何かに怯えながら生きてきたのですから。

とにかく、自分が意識しているものに、無自覚であってはなりません！

さもなくば！　あなたは、それを放任することになりかねず、それこそ、思わぬ結果、不本意な現実を、こしらえかねないのですからねぇ〜。

しかし、ちゃんと、あなたが自分の意識しているものに注意し、あなたの望む正しい「意図」にできたら、こんなに素晴らしいことはないのです！　それが現実になっていくわけですから。

ちなみに、フィールドがあなたの「意図」に応じるのは、意図自体、あなたの目に見えない領域、つまり、フィールドと同じ領域から生まれるがゆえに、ある意味、神の意図ともなるものだからです！　そして、それは絶対的成就力を持つものだからです！

場は、こうして、みごとに変化する♪

あなたの内部と外部は連動している☆
そこには、運命の指示書がある！

ここでは、あなたの意識ひとつで、あなたがいる場がどのように変化し、そこからどのような世界を創りあげ、それがあなたのどんな一日の出来事や運命をつくるのかを、みていきましょう。


たとえば、あなたが今日、オフィスにいたとしましょう。

あいにく、みんなが出払って、あなた一人がその空間にいたとします。

みんながいない不便さを感じるより、「むしろ静かでいいわぁ、快適♪」と思いながら、あなたはときどきデスクでお茶を飲んだりしつつも、誰もいない快適な空間で、自由に好きな仕事をしていました。

ところが、そこに、突然、大嫌いないや〜なおつぼねさまが現れたとしたら、どうでしょうか？

あなたは一瞬で、「あっ、いやな奴がきた！」と嫌悪感を持って、その人の存在を意識することでしょう！　その瞬時、「ゲッ、最悪！　いやなムードになったわ〜。空気重たいわぁ〜、ほんま、いやだわ〜」と、そんな言葉を心の中でつぶやくでしょう。

そのとき、まさに一瞬で、あなたはいやな世界に入り、いやな気分を味わうことになるのです！　そして、その影響は自分の内側にも、外側の現実にも！

すると、とたんに、憂鬱で、具合が悪くなり、笑顔が消え、何を言われるのかとびくびくし、落ち着かなくなることでしょう。

オフィスは最悪な環境と化し、「なんて日だ！」などと叫びたくなるほど、かんたんに「アンラッキー・デー」になってしまうわけです。

そして、しなくていいミスをし、あとで上司に怒られることになったりして。

最初のうち、あなたはその重たい空気と険悪なムードを感じつつも、辛い世界に浸るしかない！　と、あきらめます。はい、最初のうちはね、その状態にもあなたは我慢できることでしょう。

しかし、そのうち、自分がこれを我慢しているということを意識しだすと、もう、たまらなくなります！

そして、「どうにかしたい！」「どうか、早く出て行って～！」「この空間から逃げたいわ～、なんなら、オフィスを出て、コンビニにでも逃亡したい!!」という「意思」が現れ、「いや、もう、限界だわ～、この部屋から〝脱出するぞ〟！」と、明確な「意図」も生まれるわけです。

すると、その「意図」を受けとった量子は、あなたを救うために、あなたの気持ちや言動を切り替えさせ、場を動かし、願いを叶えるための行動へと誘います。そして、叶えるフィールドをつくりあげるのです！

「意図」した瞬間、そのまま、叶う世界に、あなたは身を投じることになります！

そして、**何を隠そう、この「意図」こそが、願いを実現させる計画書であり、「クォンタム・フィールド」の〝指示書〟ともなるのです！　そして、この〝指示書〟に従って、「クォンタム・フィールド」は、あなたの内部も外部もすべて、自動的に、かつ、同時進行で、動かします！**

それによって、あなたは、さっきまで「最悪だわ～」と、具合が悪く、頭を抱え、うなだれていたのに、突然、スクッと立ち上がり、ニコッと作り笑顔でおつぼねさまにえしゃくをしつつ、「先輩、コーヒーでも買ってきますね。いつものでいいですか？」などと、優しい声までかけ、外の空気を吸いに、みごとに部屋から脱出するわけです。

かくして、あなたは、「はぁ～、よかった♪」と、目的達成！　一件落着となるのです！

しかし、ここのところ、ふりかえって、よく考えてみてくださいよ。

その部屋は、おつぼねさまが入ってくるまでは、あなたにとって、自由で、快適な、心地よい空間だったのです♪　照明器具も、空調も、何も変わっていません。

それなのに、あなたが、突然、重くなり、暗くなり、息苦しくなり、逃げたい!!　という苦境に立たされ、逃亡の瞬間へと追い込まれるような、最悪の現実を生きることになったのは、なぜでしょうか？

そうです！　あなたがいやなものとして、おつぼねさまを「意識」し、「最悪～」などという言葉をつぶやき、ますますそこにフォーカスし、そのいやなエネルギーの影響をうけ、「フィールド」＝〝自分がいまいる場〟が量子によって変化したからです！

そこで生み出された世界は、現実は、あなた自身の意識がきっかけであったということなのですよ。さて、今度は、これとは別の、真逆の例でみてみましょう。どうなるでしょうか？

同じく、あなたはオフィスにいたとします。あなたは淡々とひとりで仕事をしているわけです。そこに！　突然、大好きなイケメンの憧れの男性の先輩がケーキの差し入れを持って現れたとしましょう。どうなると思います？

きっと、あなたは彼がドアを開け、部屋に入って来た瞬間、「あっ、大好きな○○さんだ♪」と、うきうき意識し、「うれしい♪　ラッキー‼」と心はつぶやき、恥ずかしながらもよろこぶことでしょう！

そして、彼からの「これ、よかったら、どうぞ♪」などという甘い声かけと、ケーキの差し入れに、「わぁ、ありがとう♪　すごくうれしいです♪」などと、しばし、やりとりに酔いしれ、「今日は、なんて素敵な日なの♪　最高だ――♪　こうして、憧れの人と2人きりになれるなんて♪　神様、奇跡をありがとう‼」などと、よろこびと感動と感謝で満たされるわけです。

もはや、オフィスはバラ色で、2人のロマンチックな恋の館と化すでしょう♪

さらに、あなたの中では変化があり、なんとかこのチャンスをものにしたいという思いがあふれ、〝お茶など入れようかしら♪　先輩と2人分♪〟などという「意思」さえ芽生え、「先輩に話しかけるチャンスだわ♪　これを逃すな！」という「意図」を持ち、かくして、それは実行されることになります。

そして、あなたは、しばし、彼との〝幸せな世界〟にひたることになるわけです！

もちろん、このときも、オフィスの蛍光灯がピンク色になったわけではありません。あなたの心がピンクのバラのような色になったから、空間もバラ色になったのです♪

これで、おわかりでしょう。人は、こういうことを常日頃からやっているわけです。そう、無自覚、無意識のうちに！

それゆえ、自分の〝意〟＝意識、意思、意図するものによって、いかようにも、〝場が動き、感得する世界が違ってくる〟のだと、わかる人でいてほしいのです。

本来、人は、すんなりそれを叶えている

ひとつの願いが叶う☆全工程は、かんたんすぎて驚く♪

「クォンタム・フィールド」という、〝無意識の領域〟＝潜在意識、〝神の領域〟というのは、あなたが何かに「意識」を向けるまでは、変化を起こすきっかけを持たないでいるもので、それまでのものをそのまま持続させるだけです。

しかし、**あなたの意の介入によって、無から有が生じる〝きっかけ〟＝チャンスをつくり、それまでの古いものから、新しいものへと、世界をチェンジさせるのです！**

さて、ここでは、あなたの願いが、どのようにすんなりと叶っていくのか、日常的なシーンを一つ例にとって、みていきましょう♪

そこに、願いや夢を叶え、意のままの人生を叶える秘密があります！

たとえば、あなたが、部屋の椅子に座って、くつろいでいたとしましょう。そう、さっきまでは、ただ、ボーッとしていただけです。が、ふと、突然、ひとりの友人のことを思い出したとします。その人を好意的に〝意識する〟わけです。

気づくと、あなたは、その友人と過ごした楽しかった場面に、自然にフォーカスしているものです。

すると、それまで何の反応もなかった空間で、「量子」が動きだし、意識したものが静かにあなたの中で、あなたのいる世界で、拡大していきます！

その友人と会うたびの心地よさ、話したい話のあれこれ、たあいないことで一緒に笑いあえる楽しさなどなど……そんなものが、あなたの中に、あなたのいる場に、広がることでしょう。

また、心の中では、実際にはいまここにいないその友人の「また、会って、話そうね！」という声まで、聴こえるわけです。

そのとき、あなたは、「どうしているかなぁ～」と、その人へのイメージがどんどんふくらみます。これも、あなたの内部にある量子の働き♪

そして、「会いたいなぁ～」「連絡しようかなぁ」という気持ちになり（つまり「意思」が生まれ）、その気持ちが高まるとき、それがエネルギー化します。そして、あなたは「会いたいから、連絡しよう！」という「意図」を持つことになるのです！

ちなみに、**あなたの中で生み出されるエネルギー自体、〝あなたの外へ出て、同質のものを表現したい！　それを現象化したい！〟という、「意図」を持っています！　そして、それ自身の働きをします！**

もちろん、あなたの細胞も神経も呼吸も、すべてがあなたの〝意〟や、そこから生み出されるエネルギーの影響を受けます。

そうして、あなたは、会いたいその友人に電話したい気分で、うずうずしてきます。

わくわくかもしれません。

その瞬間、フィールドのエネルギーがあなたを突き動かし、携帯電話を握らせ、電話をかけさせることになるのです！

そのとき、あなたは無意識にテーブルの上の携帯を手にし、数多く登録されている電話帳の中からその人をなんなくセレクトし、電話をかけ、「会いたい」から、「会う」につながる言葉を、ごくふつうの会話として、自然に語ることになります。

結果、あなたはその人とすんなりつながれ、1時間後にはお茶を飲みながら話すために会うことになるのです。そう、現実のこととして!!

これらの一連の流れを、あなたはいともかんたんに、ごく自然に、無意識に、自動的に行っているわけです！

そう、「友人に会いたい」という、ひとつの意図、願い、を叶えるために！

そこには、何ひとつ、無理がなく、努力した感覚すらなく、楽々と、結果に向かう過程だけがあります！

このように、あなたがまったく〝無意識〟のうちに、すべてをやれるのは、他でもない、「クォンタム・フィールド」に、無意識的に入っているからこそ、なのです！

それゆえ、「友人に会う」という日常的な小さな願いから、「ビジネスで成功して、世界的に有名になり、億万長者として、世界各国あちこちに寄付する！」というような大きな夢も、本当は、同様に、叶えられるわけです！

まだ何もしていないうちに、結果を受け取る⁉

〝目に見えない領域〟のものは、時空を超えて、目の前に現れる！

あなたが何を叶えたいのかを、明確にし、「こうしたい！」「こうするぞ♪」と意図することができれば、それが「クォンタム・フィールド」への指示書となり、運命はあなたを当然のごとく、そこへ誘います！

そのとき、おもしろいことは、まだこの現実生活の中に、何も特別な出来事が起こっていなかったとしても、結果だけを先に受け取ることもある、ということです！出来事が何もないのに、結果を先に受け取るとは、どういうことでしょうか？

たとえば、あなたが「レモン」を意識し、それにフォーカスし、食べたいなぁという意思を持ち、「買いに行こうかなぁ」と意図するとします。

そのとき、あなたが実際にスーパーに行ってレモンを買っていないにもかかわらず、あなたはレモンを食べることができるのです！

どこでって!?　あなたのその口の中、細胞の全感覚、いまここの場で、ですよ。

あなたは、部屋にいながらにして、レモンのフレッシュさを味わい、レモンのすっぱさを体験するのです！

そのとき、あなたが実際にレモンをかじっていなくても、ときには、それを味わいたいと特に強く思わずとも、意識しただけで、自然に口の中に唾液があふれるでしょう。一瞬にして！

なんなら、いま、ここで、「レモン」という言葉を読むだけで、もう、あなたの口の中は、唾液でいっぱいでしょう。

イメージを、何が実体験にしたのかというと、それこそが量子です！　そして、それは、まさに、「クォンタム・フィールド」が起こしたこと！

量子があなたの体を変化させ、その変化後の結果を、あなたは自然と受け取ったというわけです。


こうお伝えすると、「なんだ、イメージしただけのことでしょ、それって」と、冷めた言い方をする人もいるかもしれませんね。しかし、「クォンタム・フィールド」は、そもそも、製造からお届けまでできる魔法の特殊フィールド！

それゆえ、あなたは、なんならレモンなど買いに行かなくても、それを実際に口にするという現実を、ひき続き体験することになります！

そう、たとえば、「ああ、レモンのことを考えたら、味わいたくなったわ。今日の夕方、スーパーに買いに行こう！」と「意図」したとします。

その「意図」は、フィールドに、それにみあった現実をこしらえるようにと、指示書を送りつけるわけです。

すると、あなたは、スーパーへ買い物に行く途中の道で、たまたま見かけたイタリアンのお店が気になり、なんとなくランチすることとなり、迷わず日替わりセットをオーダーするわけです。

そうして、「お待たせしました♪」と出てきたそのセットのサラダの横に、レモンのスライスが何枚か載っていて、実際に食べることになってしまうわけです！

あるいは、家にいると、お隣の奥さんが、ピンポーンとやって来て、「うちの田舎でとれたレモンですが、よかったらどうぞ♪」と、おすそわけにと、くれたりするのです！

あるいは、ポストをみるとお気に入りのいつものアロマショップから、1周年記念のプレゼント交換券が届いていて、さっそく行ってみると「おハガキをご持参の方には、レモンの香りのルームフレグランスを差し上げております。どうぞ♪」などと、プレゼントされたりして、もう、レモンだらけを体験することになるのです！

そうして、結果、あなたはすっぱいすっぱいと言ってはレモンを食べるわ、いい香りだとよろこんで部屋に充満させるわで、ちょっと意識しただけのレモンを、たくさんこの現実に、惹き寄せてしまうことになるのです！

ちなみに、**惹き寄せは、「クォンタム・フィールド」という〝無意識の領域〟が、必然的に起こしているラッキーなシンクロであり、おまけ♪ であり、あなたを〝幸運の流れ〟に乗せるためのもの！ そして、それは、フィールドにとっては、朝飯前の仕事です！**

あなたがレモンを偶然ランチのときに食べることになったのも、おすそわけでもらうことになったのも、フレグランスという形で手にすることになったのも、実際にスーパーに買いに行くことになったのも、すべては、あなたの意を受け取った量子の働きであり、結果をこさえる任務を果たさんとするフィールドのオートマチックな機能だったのです！

ちなみに、あなたの「意図」はいつでも〝欲求〟と手をつなぎ、〝目的達成〟を仕組んでいるので、「意図」した瞬間に、それを実行・実現・確定させるしかなくなります！

このとき、誰が手をつながせたのかというと、もちろん、量子であり、フィールドですよ♪

いつでも、「クォンタム・フィールド」は、同時進行で、すべてとつながり、連動しながら、統合しながら、あなたのために動いており、望む結果を届ける術も道筋も、あなたの知らないやり方も、いくらでも持っており、いかようにも与えられるのです！

その力をバカにしてもらっては、困るわけです。あなたが持っていない手段さえも、創り出せ、世界を変えてしまえるくらいの強制力を持っているわけですからねえ。

さぁ、あなたは、何を望み、何を叶えんと、「意図」します？

無意識（潜在意識）とつながる♪

「叶う摂理」は、超シンプル☆〝思い〟と〝現象〟をつなぐ方法とは!?

「クォンタム・フィールド」という、〝無意識の領域〟の魔法の働きをみかたにつけることができるということは、「神の領域」を手に入れたも同然であり、あなたこそが運命の創造主であり、もはや、すべては、あなた次第♪

その、〝無意識〟（潜在意識）は、いつでも、あなたの「意識」と協力関係にあって、切っても切れない関係です！

それゆえ、あなたにとって、何を意識し、意思とし、意図するのかは、運命創造においても、とても重要なこと!!　もちろん、「クォンタム・フィールド」にとっても！

というのも、意識していることを通してのみ、あなたは〝無意識の領域〟である潜在意識とつながれ、「クォンタム・フィールド」にもつながれるのですから！

そこにある「叶う摂理」はいつもシンプルで、あなたの意識を望むものに方向づけるだけでよかったのです♪

さて、余談ですが、以前、わたしが主宰する「ホリスティックライフビジョンカレッジ」の潜在意識のセミナーに来られたある女性（潜在意識のセミナー講師だという女性）は、意識と潜在意識の関係について伝えたとき、驚きとショックのあまり、わたしのところにすっとんできて、半べそをかいて、こう言ったのです。

「なみ先生、どうしましょー!!　実は、わたくし微力ながらも潜在意識のセミナーなどを行っておりまして。ところが、これまで、集まった生徒さんたちには、『潜在意識のほうが、顕在意識（意識）より大事なので、潜在意識のみとつきあってください。あなたの意識は捨ててください』などと、伝えてしまっていました!!

自分の意識していることが潜在意識に影響を与えているとか、意識と潜在意識が協力関係にあるなんて、まったく知りませんでした。生徒さんにまちがったことを教えてしまって、本当に、どうしましょー!!』と。

……なんとも、絶句の瞬間でした。

そもそも、「意識」を介さず、どうやって、〝無意識〟をさわれるというのでしょうか？

潜在意識は、〝無意識の領域〟だからこそ、自分で直接は触れないわけですからねぇ～。それゆえ、自分の意識を通し、その刺激と影響を受け取ってもらうしか、ないわけですよ。

ある意味、あなたは意識のかたまりで、あなたこそが〝無意識〟へとそれを渡すバトンを持っている人なのですからね！　もちろん、いうまでもなく、そこには量子が仲介者（つなぎ役）として存在しているのですが。

とにかく、**目に見えない世界をさわれるのは、目に見えないものを通してのみです！　その、目に見えないものを正しくさわれたとき、目に見える現実に、すべてが現れるのです！**

さて、とにかく、自分の意識が〝きっかけ〟で量子がうごめき、変化し、あなたの内部も外部も変化を余儀なくされます。

そして、そこにフォーカスすることで、意識は成長し、意味ある「意思」となり、素晴らしい「意図」が生まれ、「クォンタム・フィールド」を通して、あなたのすべてと全世界を変化させ、望む現象を、叶えたい世界をつくりだすわけです。

それゆえ、おかしな現象を受け取りたくないなら、おかしなことを意識したり、そこにフォーカスしたりしないことです！

たとえば、「あのやろ〜!!」と、いやな誰かを意識して、その人のいやなことばかりにフォーカスし、怒りや不愉快な気持ちを増幅させるのは、絶対に良くありません。そんなことをしていると不愉快な現実をせっせとこしらえてしまい、自分が損するからです！　それよりも、好きな人のことでも意識して、「大好きなあの人♪」と、その愛しい顔でも思い出し、幸せな気分にフォーカスするほうが、よほど良いでしょう！

実際、そのほうが、ハッピーなはずですし、前者と後者では、あなたの住む世界は、まったく違うものになるわけですから。

ダイレクトに、フィールドをゆさぶる

いっそ、大胆にどうぞ♪
この道具を使えば、それが可能となります！

意のままを叶えたいというのなら、自分が常日頃、何を意識し、そこからその後がどうなっていくのかを気にかける習慣を持ちましょう！
よからぬことには意識を向けず、良いことにもっと意識を向け、フォーカスしてほしいものです。

さて、そこで、あなたがいま、良いことを意識しているのか、はたまたそうでないのかを、はっきりと自覚する方法があります！

ズバリ、それは、〝自分が心の中でつぶやいている言葉をみること〟です！

覚えておきたいことは、意識は、「言葉」に現れる！　ということです。そして、ダイレクトにフィールドをゆさぶるものこそ、何を隠そう、「言葉」なのです！

あなたは、自分の中でつぶやく言葉、そう、心の中であっても、口に出すのであっても、紙に書きつけるのであっても、その言葉を通して、自分が意識したものをフィールドに、宇宙に、拡大させている！　のです。

それゆえ、つぶやく言葉を、できるだけ良質なものにしてほしいわけです♪

しかも、言葉は、響きを持っています！　響きとは、振動です！　波動です！　波動は、エネルギーであり、みあった現象を起こすものであり、フィールドと一体化しています！

とにかく、**あなたは、言葉なしで、何かを意識することはできず、意思も意図も生み出せず、その現象化のチャンスも持てません。**

あなたが何かを意識するときには、必ず、ある一定の言葉、ある種のムード、イメージする世界観、叶えたい理想を、その中に必ず持っており、その方向に自然について行っているものです。

たとえば、好きな人のことを意識するときでも、「憧れの佐藤先輩♪」というように、その〝意識の対象〟が言語化されて、初めてあなたはその人にフォーカスできるのです。そして、それを興味深く観ることで、その人と自分の何か良いことを意図するわけですよ。望む叶えたい状態があって。

ほしい宝石をイメージする場合でも、それがダイヤモンドなのか、ルビーなのかをイメージできているのは、あなたの中で、「私がほしいのはダイヤモンド♪」「パールではないよね～」などと、自分の中にある特定の言葉を経由して、それを意識しているからです。言葉がその世界を鮮明にするわけです。

意識したとたん、言葉とイメージと感情は、ほぼ、同時にあなたの中にあり、同時にそのもの自体のエネルギーを発生させ、「クォンタム・フィールド」の中で、必要な次のステップへと向かうことになるのです！

意識・言葉・イメージ・エネルギー・叶う世界は、別々のものではなく、同一性を持って、あなたの中に、フィールドの中に、宇宙全体に、広がり、それを物語り、運命にするのです！

それゆえ、もし、あなたの現実に起きている運命が気に入らないのだとしたら、いますぐ、気にいる世界を意識するところから、新たに始めればいいのです。

要は、どんなにいやな、不本意な現実があったとしても、あなたが、いま、ここで、より気にいるもの、好ましいもの、望むものを、良い言葉で表現し、つぶやき、そこにある世界観を興味深く、よろこばしく、観るだけでいいのです。そうすれば、あなたのために働く「クォンタム・フィールド」を、かんたんに修正でき、自分の運命さえも、お気に入りのものに修正できるのですから!!

正すべきものを、正す

おかしな言葉で人生にとどめをささない☆それだけで、人生好転する！

あなたが何かに意識を向けるとき、量子を変化させ、フィールドを動かすきっかけを与えるわけですが、そのきっかけに拍車をかけ、現象化を推進させるのが、あなたの「言葉」です！

あなたの運命にとって、「言葉」は命！　です。

というわけで、ここでは、あなたの願いを叶え、よろこばしい人生を現実のものとするための、言葉について、お勉強しましょう♪

「赤ちゃんじゃあるまいし、言葉の勉強って、何よ！」と、憤慨しないように。

なぜなら、頭の固い大人だからこそ、まちがった見解や、なにかしらの偏見、制限と限界、不可能を言いがちな頭で、それは、それは、おかしな言葉を使いがちなものだからです。

たとえば、5歳の子どもをみてみましょう。子どもなら、「クリスマスには、サンタさんが、おもちゃをくれる♪」という言葉を通して、〝おもちゃ〟を意識し、「おもちゃ！　おもちゃ！」という言葉をつぶやくことで、それを本当に現実の世界で受け取ることを、いとも簡単にしてしまえるものです。

たとえ、その子ども自身には、〝お金〟という手段など、なくても、です！　もらえる方法など、知らなくても、です！

子どもは、誰がそのおもちゃをくれるのかなど、深く考えていません。いや、考えられないものです。わからないからです。

おもちゃを持って現れるサンタさんというのは、白いひげの生えた外国語を話す知らないおじいさんなのか、家の中で一番偉いお父さんなのか、優しいお母さんなのか、はたまた、甘〜いおじいちゃんかおばあちゃんか、サンタの絵本を読んでくれた幼稚園の先生なのか、そんなことはまったく知らないから、考えてもいません。知らないことは、考えようがないからです。

しかし、ただ、〝おもちゃをもらえて、それで遊ぶ楽しさ♪〟だけは、わかるわけです！　それしか、その子どもの中には、ないわけです。そして、それを叶えるために〝おもちゃ！　おもちゃ！〟という言葉をつぶやくしかできません。

けれども、フィールドには、その良い意識、言葉、そこにあるエネルギーが、自動的にほうり込まれるので、望む変化はすんなり起き、その子どもにおもちゃが当然のごとく引き渡されるわけです♪

いいですか！　子どもでも、量子の場「クォンタム・フィールド」をうまく動かせるということですよ。自分の望むもののために！

ところが、大人がなかなかクリスマスプレゼントを叶えてもらえないというのは、どういうことでしょうか？　きっと、こんなことを意識し、こんな言葉を使っているからでしょう。

「クリスマスには、1カラットのダイヤのリングとバラの花束がほしいわ♪　しかし、そんなことは我が家には不可能だわ。あのポンコツ亭主の稼ぎと、愛情の冷め方は半端なく、わたしを苦しめるだけで、どうせ今年も〝何もなし！〟に決まっているのだから、望むだけ無駄！　ああ、わたしって、なんとかわいそうな嫁なの～!!」と。

まぁ、ここまでひどいことは思っていないとしても、あなたは「クリスマスかぁ～」と意識した直後に、あなた自身の独特の思い込みで、〝さみしいクリスマス〟か、〝うれしいクリスマス〟かを、勝手に、先に、イメージして、世界を決めてしまっていて、結局、その意識したほうに合う言葉を同時に自分に使っているわけですよ。

そう、〝今年も、何もプレゼントなしになりそう〟などと。

わかりますか？　純粋無垢な子どもの意識と言葉と、頭の固い偏見に満ちた自分の考えと否定的な見解から出てくる意識と言葉が、どれほど違うかを!!

こんなことでは、何度クリスマスを迎えても、何も来やしないことでしょう。

しかし、本当に、それでいいのでしょうか？　それは、あきらめなくてはならないことでしょうか？　望みはいつも掻き消されなくてはならない、いまわしいものでしょうか？　すごいことを望んだ自分がバカだったのでしょうか？　いいえ！　違います！

自分の意識と言葉を良いものにし、正しく「クォンタム・フィールド」をみかたにつけることができたなら、望むものはいともかんたんに、そう、毎日、郵便ポストに広告チラシが投入されるくらいふつうのこととして、現実に投入されるのです！

それが、この世の真実だとしたら、どうでしょうか？

それには、意識のしかたと言葉のチョイスを正していくことが、先決です！

いやなことを、なかったことにする方法

ネガティブなことが〝なかったこと〟になる☆ その、素敵な方法とは⁉

たとえば、日中、ひとりでいるとき、良くないことを意識したり、いやなことを考え込んでしまっていたり、ネガティブな感情にどっぷりつかっていた、ということはありませんか？

人間の意識というのは、おかしなもので、ほっておくと、たいがい、気がかりなことや、悩みや心配や、こうなっては困ると恐れていることに、なんとなく引きずられがちなものです。

それは、人間の生存本能による、〝安全確保したい！〟〝なんとかしたい！〟という不安をベースにした欲求があるからかもしれません。

が、そういうものは、「クォンタム・フィールド」にとっては、〝ネガティブな現象

製造材料〟にしか、なりえません。

そして、それを知ってしまった人は、きっと、「やだ～、消したい！ 消したい！」などと、あわてて、必死にそれを掻き消そうとすることでしょう。

しかし、取り消そうと躍起になること自体、〝それはまだここにあります〟と、無意識の領域に伝えてしまうようなもので、良くないわけです。

では、こういうとき、いったい、どのように、その意識を、場面を、良いものにチェンジすればいいのでしょうか？

答えは、ズバリ！ 〝たんに新たに良いことを、意識するだけ♪〟でいいのです。パソコンのデータの「上書き保存」のように！

その瞬間、自動的に、古いものは消え、新たなものが生まれ、あなたの世界はチェンジします！

とにかく、いやなことを意識したり、考えたり、どっぷりネガティブな感情につかってしまっていたというときには、すぐさま、別の良いことや、素敵なことを意識してみてください。

そうすれば、「クォンタム・フィールド」のドアに、入りかけたいやなものを、そこで、シャットアウトできます！

さて、どんないやなことも、ネガティブなことも、あなたが意識しなければ、ないも同然です！

それが証拠に、ほら、あなたの部屋の四隅にたまっているほこりも、意識しなければ、あなたは「ない」ものだと思って、その部屋で快適に暮らしていられるわけですからねぇ～。

しかし、ひとたび、そのほこりを気にしだしたら、ダニやなんやと、気になることだらけで、おちおちとしていられるものではありません。

とにかく、意識すればするほど、それは拡大し、巨大化し、確実性を持って、自分のところにやってくるのだと覚えておきましょう！

Chapter 2
願いを叶える☆魔法システムを持つ♪

なんでもかんでも、すんなりスイスイ☆
かんたんに現象化する！

効果的に願いが叶う☆オーダーの秘密♪

何がほしいか教えてください。あなたのすべては応えてもらえる！

あなたがほしいもの、なりたい状態、叶えたいことに、素直に意識を向け、よろこばしくフォーカスし、興味深く観察するとき、「クォンタム・フィールド」のほうでも、そんなあなたを興味深くみつめ、よろこばしく思っているものです。

そして、そこにあるあなたの気持ちに共感し、言葉をオーダーとして聞き、具現化すべくだんどりをしてくれるのです！

それは、まるで、子どもがおもちゃのカタログを観ているとき、そばで微笑んでそれを観ている母親のようなもの！

「ああ、この子には、何かほしいものがあるのね」

「何がほしいの？」

「くまちゃんのぬいぐるみ♪」

まぁ、そうなのね!! その言葉をありがとう！ これで、あなたのお誕生日のプレゼントに、何がいいのかママはわかったわ。教えてくれて、ありがとう♪

その言葉を聞いて、母親は、そりゃもう、プレゼントしたくて、うずうずしたくなるわけです。なぜって、子どもがうれしそうにそう言うのだから、ぜひとも叶えて、もっとよろこばせたいと思うからです。

では、なぜ、そう思ってくれるのでしょうか？

それは、ただ、ただ、この子が〝愛しいわが子〟だからです！

あなたにほしいもの、なりたい状態、叶えたいことがあるときには、いつでも、この子どものようでいてください♪

ただ、シンプルに、ほしいものをひと言、言葉にするだけでいいのです！

というわけで、ここでは、あなたの願いを叶えるために、ひと言で、シンプルに、フィールドにオーダーしてみましょう！

たとえば、家がほしいなら、もう、そのままダイレクトに「新築一戸建て」、事業を興すお金が必要なら「事業資金！」、借金を返済したいなら「完済!!」、転職したいなら「再就職先！」、病気を治したいなら「完治！」または「健康！」、というようように！

恋人がほしいなら、「愛し愛されるパートナー」「申しぶんのない恋人」とするといいでしょう！

サッカー選手になりたいなら「サッカー選手」、アニメの声優になりたいなら「アニメの声優」、会社の社長になりたいなら「社長」でいいのです！

「ベンツ」「ポルシェ」「別荘」「1億円！」まぁ、そんなふうに好きなものを、ひと言にしてください。自由に、いくらでも！

たった、〝ひと言〟、直接的な言葉を投入するほうが、「クォンタム・フィールド」には、効果的です!! それは、量子が言葉の真意をくみ取り、それをエネルギー化し、フィールドでそれを製造する性質を持っているからです。

いつでも、**量子は、あなたの言葉を理解し、あなたがみなまで言わずとも、あなたが望む世界のすべてを赤裸々に、詳細に、把握できるのです!**

とにかく、あなたが、うまく言葉にしきれないでいる胸の中にあるあれこれや、説明しきれない範疇《はんちゅう》のものまでも、一切がっさい知り尽くし、それを現象化できる高い能力を持ち合わせているのです!

わかっておきたいことは、言葉は響きであり、エネルギーであり、そのひと言の中に、すべてのいわんとする内容を含んでおり、上手にその真意をフィールドに伝えられれば、その結果を惹きだせるものだということです!

さて、叶えたいことを、いちいち、だらだら言う必要はありませんよ。

たとえば、「病気が治ってほしい！ 早く、元気になりたい！ 病気が治ったら仕事にも復帰したいし、デートもしたい。旅行にも行きたい!!」などと、長々と訴えなくても、「完治！」とか「健康！」という言葉ひとつあれば、フィールドは、あなたのすべてをくみ取ってくれるわけです。

なんならむしろ「病気を治してほしい」などとは言ってはいけないくらいです！ というのも、「病気」という言葉や、それを口にするときのあなたの気がかりや心配を、フィールドには感知されたくないからです。

また、叶えたいことをひと言にしたら、そのあとに、「～が叶いますように！」とか、「～を治してください!!」「～をください！」などとは、決して、祈らないように！

「クォンタム・フィールド」は、〝無意識の領域〟であるがゆえに、すべてお見通しで、〝祈らずして叶う力が働く魔法の世界〟でもあるがゆえに、「～が叶いますように！」とか、「～が治りますように！」「～をお願いします！」などとする必要がないのです。

もし、そんな祈り方をするとしたら、〝それは、いま、ない！〟〝ないから、困っている！〟という、あなたの心の奥の無意識の領域に沈められた、深い悩みや問題のほうを、感知されてしまうからです。

なにひとつ、祈ったり、懇願したりする必要はありません！　ラフに、望むものを、ひと言にしてください。その、シンプルなやり方に慣れてください！

あなたに、何かを、強くガンガンに言われなくても、ふつうに、優しく、そっと、たったひと言で言われるだけでも、たった一回しか望まれなくても、フィールドは、「ああ、いいですよ♪」と気さくに、太っ腹に、あなたの願いを聞き入れてくれる、余裕しゃくしゃくの領域なのですから！

「ついでに」と、幸運のおまけ♪　までつけて、叶えてくれるくらいに！

ちょっとでもほしがると、来るよ☆ご注意ください

加減というものを知らないのか!?
それは、どっさり届けられる

ほしいものやなりたい状態、叶えたいことを、素直に意識し、それを好意的に観察し、意図にし、ひとこと言葉にしたならば、ほとんどあなたの仕事は終わりです。

というのも、あとは、それに沿って量子が変化を起こし、フィールドでは、すべてがオートメーション化、具現化されるからです♪

そのとき、その結果は、それ独自のやり方とルートで、こちらに届けられます！

あるとき、私は、チョコレートがほしいと思っていました。数冊の本の執筆が同時に入り、来る日も来る日も執筆していたら、脳が甘いものを要求しはじめ、チョコレートを食べないといられなくなったのです。そして、「一段落したら、チョコレー

トをたくさん買いに行こう！」と、「チョコレート！ チョコレート♪」と、つぶやいていたのです。

どうせなら、銀座で、高級なチョコや、海外のを買おう！ と。

けれども、心のどこかで、「とはいうものの、買いに行く時間すらないわぁ～。誰か手土産に持ってきてくれないかしらん♪」などと、あつかましいことを思ったり。いや、それ、ホントに一瞬、チラッと。

すると、突然、出版社の担当者からメールがきて、「次の新刊のご相談をしたいので、お時間いただけませんか？」と。

さっそく会ってみると、彼はなにやら大きな紙袋を持っていて、「先生、ごぶさたしていて、恐縮です。実は、有休を使って、ハワイに行っていましてね。むこうで、先生のことを思い出したので、おみやげにと買ってきたんですよ。どうぞ♪」と、それを渡されたのです。

家に帰って開けてみると、「スタッフの方にも、おわけください」とメモとともに、十人分以上のチョコレートが入っており……スタッフに連絡すると、「よかったら、先生、食べてください」と、みんな〝いらない〟というのです。

「あらまぁ、そう♪」と、独り占めするつもりはなかったのに、わたしがぜんぶもらうことに。

すると、今度は、音楽の仕事でお世話になった女性が、「近くまで来たのでお茶しませんか？」と。

また、早々に会ってみると、「家の近所においしいチョコレートショップができたので、買ってきたんです」と、これまた、大きな箱にバラエティ豊かな種類の入ったチョコレートセットをプレゼントされたのです。

シンクロだ！　またもや、チョコレートをもらってしまって♪

そうして、その週末、わたしのセミナーがあり、セミナーを終えてファンと握手と

ハグ会をしているとき、ファンの人たちから、プレゼントをどっさりもらうことになり……その数、段ボール3箱分♪

家に帰って開けてみると、これまた、なぜか、チョコレートやチョコレート菓子のオンパレード!!

これは、とてもめずらしいことでした!!

というのも、わたしのファンは、わたしが太ることを恐れ「食べ物禁止だ〜」と、ツイッターやブログに書いたときから、ほとんどの人が、もう、食べ物の差し入れをやめ、かわりに、可愛いぬいぐるみやバラグッズ、素敵なハンカチやカップをくれるようになっていたからです。

それが、なぜか突如、こちらが何も言っていないのに、チョコレートのプレゼントに変わっていたのですから、いったい何があったのか!?

何があったのかって、わかっていることはただひとつ！

「フィールド」の仕業です♪

おかげで、わたしは、鼻血ブーッになりそうなほど、連日チョコレートを食べ続け、チョコレート地獄、おっと失礼、チョコレートパラダイスを満喫したことは言うまでもありません。

しかも、しつこく、いや、ごていねいに、その後、しばらく、チョコレートのギフトが続いたのには、驚きでした。

極めつきは、セミナーの帰りに、スタッフとディナーに行ったときのことです。牛ステーキのオリジナルソースをセレクトすると、なんと、出てきたお肉には、チョコレートソースがかかっていたのです！

こら、フィールド!! 肉にまで、チョコレートをかけるなよ!!（笑）

しかも、ラストのデザートに何がいいのか店員さんが聞きにこられたので、ミルフィーユをお願いしたら、「あいにく、今日はそれが切れてしまいまして、代わりの

ものをご用意させていただいてもよろしいでしょうか？」と、持ってきたのは、チョコレートケーキだったのですから‼

おい！　おい！　おい！　おい‼　と、もう、笑うしかなくなります♪

とにかく、一度、オートマチックに作動し始めたフィールドの動きは、誰も止められないのです。ちなみに、止まるのは、あなたが、充分、満足し、よろこび尽くしたあとです。

まだ、ちょっとほしいなぁ～などという余韻があるうちは、まだまだどんどん届いてしまいますから、ご注意あれ！

なくてはならないもの☆それは、何？

あなたとフィールドの〝共通の心的態度〟が、受け取りを確実にする♪

あなたの叶えたい世界を意識し、〝こうしたい！〟〝こうなりたい♪〟と意図し、その願いをひと言にして、フィールドに託したら、あとは、ゆったりくつろぎ、ほほえんで、そうなるつもりでいてください。

「それは、叶う！」「かんたんに手に入る♪」「なんなら、誰かにもらえちゃう♪」「うれしい形で届くことになる♪」「すべては、そうなる♪」と。

このとき、「何の根拠があって、そんなことを思えるんだ!!」などと、言わないでくださいよ。まえがきを、よく読んでもらえましたか？

この「クォンタム・フィールド」には、因果関係など、根拠となるものなど、必要ないのです。そんなこととは別の次元で、量子がうごめき、あなたの〝意〟を叶えるという特殊なシステムを持っているわけですからねぇ～。

そのとき、因果関係がないというのは、過去から現在まであなたが何をしてどうであったのかは、問われないということです。

肝心なことは、いま、ここから、あなたの〝意〟をきっかけに、すべてが変化でき、新たに展開でき、別の流れを、まったく新しい世界を、望むままに持てるということです！

そして、結果は、いやでも必然的にやってくるということです！

それゆえ、何も起こっていなくても、望むと同時に、そのつもりでいること、つまり、「すでに、得たり♪」の心的態度でいることです！

ちなみに、**「すでに得たり♪」の心的状態というのは、「結果請求書」と、「配送済みお知らせ通知」に、あなたが〝無意識の領域〟で、捺印した証となります！**

とりもなおさずそれは、「クォンタム・フィールド」に、「納得・許可・同意」を知らしめるものであり、その時点で、「結果を約束する」ものとなるのです！

ちなみに、あなた自身の「納得・許可・同意」のないものは、「クォンタム・フィールド」という〝無意識の領域〟には、受け付けてもらえません。

さて、あなたが何かを望んでいて、それを得るつもりでいるとき、つまり、自分の中で、納得し、許可し、同意しているとき、あなたはそれを、実際、難なく、軽く、すんなりと受け取れるものです。

そこには、なんの必死さも、努力も、ありません。

それはまるで、「今日は、会社の帰りに、お気に入りのカフェでお茶しよう♪」くらいの軽さで、何かを望み、うきうきと、ふつうにそこに向かって歩いて行くようなものです。

そのとき、それに相反する考えや行動は、一切、ないわけです。

すると、物事には邪魔されるものが何もないので、すべてはふつうにすんなり通ることになるのです！

また、あなたは、いつでも、納得し、同意し、許可しているものに向かうとき、いつもの自分で、おだやかに調和し「ニュートラルな状態」で、そこに向かっているものです。

そして、まさに、このニュートラルな状態こそが、成就のカギ！

ふつう、人は、望む何かを叶えるためには、自分をいまよりもっと高めたり、もっとパワフルにしたり、もっとすごい技を身につけさせたりしなくてはと考えがちです。

それゆえ、何かに力みすぎたり、がんばりすぎたり、しつこくやり過ぎたりして、かえって、うまくいかないものです。

けれども、自然体の、ふつうの自分で、ただおだやかに調和している「ニュートラルな状態」にあるとき、ブレることがないので、最もクリアで、最もパワフルで、最もいい形で本領発揮でき、うまくいくのです！

ちなみに、この「ニュートラルな状態」は、いちばん自分が楽な状態であり、同時に、「クォンタム・フィールド」のほうも、楽な状態となります。

そのとき、両者は互いに、ストレスのない良い関係で結ばれているので、すべてをスムーズ化でき、楽に前に進め、楽に望むものを成就してしまえるのです！

静寂をつかまえる

現象と現象の間の「無」の時間に次の場面はつくられ、運命が動き出す！

あなたの願いを叶えるために、「クォンタム・フィールド」は、あなた自身と日常を使って、みごとにそれを具現化していきます。つまり、あなたの心や体や言動を動かし、かかわる人たちを動かし、物事を動かし、まわりの環境を動かし、必要な変化を生み出し、現実を場面チェンジさせて、叶う瞬間へとあなたを誘うわけです。

そのとき、その誘いは、「静寂」の中に現れます！

これ、かなり重要なことをお伝えしていますよ!!　絶対に、忘れないでくださいよ。

あなたの〝心の中〟に、一瞬、訪れる「静寂」や、〝物事と物事の間〟に存在する何もしていない場面という「静寂」に、「クォンタム・フィールド」からの誘《いざな》い＝結果への自動誘導は、訪れるのです！

その「静寂」を、つかんでほしいのです！　といっても、意識的にその静寂をつかもうとしなくても、勝手にそれは訪れるわけですが。

たとえば、さっきまであなたはあれこれ何かを考えていたとします。そのことで、頭の中がいっぱいで、ぐちゃぐちゃだったとします。が、考え過ぎて疲れてしまったので、「まっ、いいか」と、そこから離れたとします。

その瞬間、あなたの中に、ふと一瞬、「静寂」が訪れるわけです！

自分の中が静かになったそのとき、あなたは、「お茶でも飲もう」と、何気なくコーヒーを入れます。コーヒーが入ったとき、あなたは椅子に座って、くつろぐことにします。そして、コーヒーを飲んで、ほっとしたとき、ここでも、「静寂」は訪れます。その「静寂」で何かがふと閃いたり、考えつくのです。

また、お風呂で湯船につかってホッとしたときや、トイレで用をたしているとき、「もう、寝ようかな」と、ベッドに横になって枕元のスタンドの電気を消したときにも！ また、家の中にいるときだけでなく、電車に乗っていても、スーパーで買い物をしていても、「静寂」は訪れるものです。

その「静寂」というのは、〝一瞬程度のもの〟（ほんのつかの間）かもしれないし、あるいは、5分くらいあるかもしれません。ときには、30分くらい静かな時間として味わうこともあることでしょう。

その「静寂」こそが、あなたのそれまでの行動や状態や場面から、次のシーンへの場面チェンジをさせ、新たな運命へとあなたの現実を切り替え、結果に続くプロセスに誘うものだったのです!!

「静寂」は、あなたが何かを考えるのをやめて、「お茶にしよう」と、場面を切り替える際の「ギア」のようなもの！

その「静寂」を使って、あなたは、ごく自然に、当然のごとく、すんなりと、自分の気持ちやエネルギー、場面を切り替え、次の新しい現実を生み出していくわけです。

そして、いくつものそういう状態を通して、「クォンタム・フィールド」は、叶えたい現実へとあなたを確実に誘っているのです！

とにかく、「静寂」は、あなたを、より良い、望む状態へと誘う、重要なもの！

頭で考えるのをやめたときや、忙しくしていた手をとめたときや、物事がかたづいたあと、次の物事をするまでの隙間の時間と場面に現れるので、それをうまくものにしてください。

そのとき、**「フィールド」は、効果的に確実に結果へ誘うために、あなたにすごいものを送り込んできます。ズバリ!! それは「直感」です！**

「直感」は、あなたに必要不可欠なものであり、そこには、手にすべきアイデアや閃き、大切なメッセージやパーフェクトな導きがあります。

しかも、それは、いつも、グッドタイミングでやってきます！　それこそが、「クォンタム・フィールド」があなたへと送り込んできた、あなたを助ける〝良き相棒〟なのです！

その相棒と、どのようにつきあえば、導きが完璧になり、成就の瞬間にたどり着くのか、それについて大切なことを、次の項でもお伝えしましょう♪

直感その1☆それは突如、降りてくるよ！

フィールドからの「語りかけ」☆
それは、神の声!!

あなたとフィールドがつながると、「静寂」を通して、あなたに「直感」が降りてくるようになります！

「直感」は、あなたの抱えているすべての問題を瞬時に解決し、叶えたい結果へとスピーディーに導いてくれる優秀な相棒♪

あなたに「直感」が降りてくることこそ、まさに「クォンタム・フィールド」が、あなたの願いに関する「成就計画書」を完成させ、運命の歯車を正しく作動させるために、効率的な行動へと、あなたを導きはじめたサインです！

「直感」は、あなたの心と心の空白に、頭が物事をうるさく考えるのをやめたときに、何もせずくつろいでいる静かなときに、つまり、「静寂」の中に、やってきます！

それは意味なく、やみくもに降りてくるのではありません。

あなたが叶えたいことのために、何かしらヒントやアイデアや閃きを求めていたり、行動の仕方や動くタイミングについて知りたいと思っているときに、「それについて、教えてね」とか「その答えをちょうだいね」と頼んでおくことで、降りてくるのです！

とはいうものの、頼んですぐそのときに降りてくるというものではなく、あなたに受け取らせるべき決定的なタイミングがきたときに、突如降りてくるわけです！

それは、たいがい、あなたが、くつろいで、リラックスしている静かな状態のときや、それをちゃんと受け止められる状態のときや、充分聞く耳を持っているときにやってきます。また、ときには、前後の脈絡に関係なく、突拍子もない形でやってくることもあります！

あるいは、急を要するようなときや絶体絶命のピンチのときに、とっさにやってきたりもします。

そして、**すごいのは、「直感」は、「まさに、いま、それを知りたかった！」「いまこそ、その答えがいるときだった！」「これで、あのことに間にあう！」という絶妙なタイミング、グッドタイミングで、降りてくるものだということです！**

それは、あなたの〝ここぞ！〟という瞬間を救うタイミングから、一切、ズレることがありません。それゆえ、あなたは、正しく、大きく助けられることになるわけです！

「直感」が降りてきて、それによって、知るべきこと、得るべき情報、持つべきアイデアを受け取れるのは、まさに、「クォンタム・フィールド」からの語りかけです！

「直感」を通して、あなたとフィールドは親密になれ、一緒に願いや夢や望む結果を達成できるのです！

ちなみに、自分の中に降りてきたものが「直感」なのか、そうではない、ただの自分の「考え」や「思い込み」なのか、わからないということはありません。まちがえることもありません。

というのも、そもそも「直感」なら、「これは、私の考えとして浮かんだことなのだろうか……それとも、単なる思い込みだろうか……いや、本当に直感なのかなぁ？どっちだろう？」と思うことすら、ないからです。

そんな、あやふやな、手に取っていいかどうかわからないような、いいかげんなものではないからです！

「直感」というのは、非常にクリアで、鮮明で、感動的で、いっぺんに目が覚めるような感覚があり、〝これだ！〟というものや、〝ピンッ！〟とくるものを、はっきりとともなっているからです！　また、ピカッと光るものであり、それゆえ、それがそうなのだとわかるし、それしか、ありえないとわかるのです！

さて、フィールドは、「直感」を通して、あなたに何かを気づかせたり、行動させたりして、あなたの内部と外側のすべてをつなぎ、統合し、最終結果にむけて、完璧に動きます！

それゆえ、「直感」をちゃんと受け取れるよう、ときどきくつろいで「静寂タイム」を持ち、それがやってきたら素直に従うという、協力態勢を持つことも大切です！

「直感」が降りてきて、何かしらの導きがあったとき、その何かをする理由・しない理由を、あなたのほうではわかっていることもあるし、わからないこともあります。

わからないことをするときには、たいがい、「なぜ、そうしようとするのか意味がわからないけど、そうしたいし、そうしたほうがいい！」という、予感めいたものや、圧倒的衝動があって、そうせずにはいられないものです。また、逆に、そうしないと、落ち着かないものです。

直感としてやってきたものや、何かしらのアイデアや閃きを無視しようとすると、かえって落ち着かなくなります。

というのも、そこには、〝運命の種〟が、隠されているからです！ その種が、あなたを新天地へ向け、開花させようと、あなたをうずかせるのです！

直感その2☆ちょっと、アクションするよ♪

幸せなおぜんだてに乗るために、すばやく行動してください☆

降りてきた「直感」に素直に従ってみてください。すると、みごとに、知りたいことを知れ、つかみたいことをつかめ、出逢いたい人に出逢え、必要な出来事が起こり、不思議なことが起こり、あなたの道が良い形でひらきます！

そのとき、物事が正しく、楽に、展開し、おもしろいほどすんなりと、ほしかった結果や、それ以上の成果へと、たどり着くことになります！

とにかく、「直感」が降りてきたら、間髪を入れず、それをひろいあげ、必要な行動に出ることです！　ぐずぐずしていてはいけません。「直感」は生物《なまもの》であるがゆえに、鮮度が重要で、素早い対応が必要だからです！

のらくらしていると、腐るか、消えるかして、あなたの前にもう二度と現れないものです。あとで、「もう一度ほしい！」と思っても、同じものは降ってきませんし、「あれ、なんだったっけ？」と思い出そうにも、思い出せません。

もし、「直感」が降りてきて、あなたに何かを教えているのに「まっ、あとでいいか」とか「明日にしよう」「じゃまくさいから、また今度」などと、後回しにしてとりあわなかったら、そこで、尊い瞬間と、大きなチャンスと、そのあとの「クォンタム・フィールド」のお膳立てを、失うことになります。

すると、物事の何かが、遅れるか、ズレるか、損するか、壊れるのです。

「直感」は、あなたに何かを気づかせたり、閃めかせたり、特定のものに興味を持たせたりして、あなたをより幸運のある場所へと導いていきます。

何かに注目させたり、調べさせたり、取り寄せさせたりもします。誰かに電話をしたほうがいいとか、しないほうがいいとか、そんなことも教えてくれたりします。

何かをするのは、いまだ！　とか、いまではない！　とか、そういうタイミングについても、寸分の狂いなく伝えてきます。

ときには、突然、あなたに、何かをしたい気持ちにさせたり、したくない気持ちにさせたりします。そのとき、なぜそうなるのか、あなた自身がその理由をわからなかったとしても、あなたはその感覚のまま、突き動かされるものです。

そういうものがきたら、自分の望むことを叶えるために、全世界の歯車がまわって、動きだしているのだと、どうかわかってください。すべては「クォンタム・フィールド」のお取り計らいなのだと、知ってください！

そして、その働きを無駄にしないためにも、ちゃんと対応してください。そこから、すごいドラマとクライマックスがあるからです！

直感その3☆運命が花ひらくよ♪

閃くものには、意味がある☆
その意味を考える必要はない！

たとえば、お風呂の中で、湯船につかって、ボーッとリラックスし、しばし静寂を楽しんでいるとき、突然、パッと、明日の重要な会議に出す「すごい企画」を閃いたり、いいアイデアや言葉が降りてきたりすることがあります！

そんなとき、**「クォンタム・フィールド」が「直感」を使って、あなたを最高の結果へと、誘っているのです！**

すぐにお風呂からあがって、それを書き止めるか、さっそく企画書にしてしまいましょう！　必要とあらば、決定権のある然るべき人に、それについてメールしてみましょう！　それがきっかけで、すごい展開になり、あなたの飛躍と出世の夢がひとつ叶うことになるかもしれません。

また、その日、特に、なんの予定もしていなかったのに、突然、「あそこに行かなきゃ！」と、どこか特定の場所を思いつき、行きたい！　という衝動がきたならば、それも、導きです。

おっくうがらずに、とっととしたくをし、さっそく出かけましょう！

行った先で、なにか、あなたのみつけるべき大切なものがあるか、その日、その時間でないと出逢えなかったキーマンがいるか、とにかく、それをきっかけに、あなたのすごい夢が叶う方向へと、大きく運命が動きだすかもしれません。

ちなみに、デビュー作から何冊かが続けてヒットし、その後、テレビで「ミラクルハッピーなみちゃん特集」なるものを組まれたり、音楽レーベルが立ち上がったり、ＡＭとＦＭの両方同時放送でわたしのラジオの帯番組ができたり、トークの仕事が増えたりと、新天地を迎えられたのも、何を隠そう！　直感を受けて行動したことが、きっかけでした！

ある朝、いきなり、「今日、出版社に行け！」と突然、直感が降りてきたのです！　そこには、特別な理由はないのに、なぜか、〝そうしたほうがいい!!〟という圧倒的予感と衝動が！　その感覚に背中を押され、アポなしで突然、出版社に♪

すると、なんと！　その時間、その場所に、いつもは絶対に社内にいないという出版社の会長と社長と業界の重要キーマンが、たまたま打ち合わせをしていたのです！

そんな場面に訪問したことで、ひょんなことから同席することに！

そうして、わたしが雑談にと、日頃から思い描いていることをなんとなく話すと、「それ、おもしろい！　やりましょう！」と、その場で、彼等の大きなバックアップを受けることとなり、事態が急展開!!　それが私の運命を花ひらき、飛躍するきっかけとなったのです！

また、いつもはお誘いを受けても行かないパーティーに、「今回だけは行ったほうがいい！」という直感を受けて行ってみると、偶然、隣の席に、長年、私が憧れていた某スターが座り、驚きと感動でふるえながらも、それを素直に伝えたところ、なんと!! 彼のほうから、「今度、また会いましょう！」とお誘いをもらえた！ ということも、あります♪

また、ある日、約束していた人と会うための場所に向かって歩いていると、あるユニークなキーワードが突如、降ってきたというか、閃いたのです。

そのとき、直感的に「これは、なにかあるぞ♪ メモしたほうがいい！」と感じたので、それを書きとめ、そのまま約束のある場所へと向かったのです。

行ってみると、約束していたその方は、「どうしても、なみさんにご紹介したい人がいて」と、私の知らない男性を連れてきていて。名刺交換してみると、有名な企画会社のプロデューサー!!

そして、これまた、雑談にと、道を歩いているとき降ってきたキーワードのことを話してみると、えらく彼にウケ、「そのキーワード、せっかくだから、何かに生かしませんか！ よかったら、うちでやらせてください！」と、それを立派な製品にして

もらえ、仕事として、大きな報酬までいただけたのです♪

ふつう、なにか大きなことをしようと思ったら、よくよく考えて、企画して、それを誰かに持っていって、判断をあおぎ、許可をもらい……と、自力ではかなり工程が多くなるもので、それでもそれがうまくいくかどうかわからないものです。

しかし、たったひとつの「直感」を受け、素直に動くことで、予想もしていなかった夢のような展開が、楽に現れるわけです！

覚えておきたいことは、「直感」は、余計な途中経過をすべてカットしてくれ、あなたが汗水たらして、自力でちまちま何かをやるよりも、もっと効果的に、スムーズに、スピーディに、想像以上の良い結果に連れていってくれるものだということです！

ちなみに、「直感」が降りてくると、人はそれに従うしかなくなり、結局、必要なときに、必要な場所にいて、必要なことをやるようになり、それによって、正しく、よろこばしく、ハッピーに、運をひらくことになるのです！

つまりのすべてを、そうじする♪

心のパイプをきれいに通しなさい☆ それこそが、すべてが通るもと

「クォンタム・フィールド」からの直感や導きが、現れやすくなるために、また、それをキャッチしやすくするために、どうかあなたはいつでも、クリアできれいな状態でいてください。

あなた自身が、フィールドとつながる重要パイプであり、魔法のエネルギーを通すパイプでもあるからです！

そのとき、あなたというパイプが、曇《くも》るもの、汚いもの、重たいもの、暗いもの、つまるもので、ごてごてしていたら、フィールドとうまくつながれず、良いエネルギーを通すことができません。

というわけで、日頃からできるだけ、自分の心が曇るもの、汚れるもの、重くなるもの、暗くなるもの、つまるものを、抱えないようにすることです。

たとえば、ネガティブな感情や誰かへの嫉妬やねたみやうらみや悪意など、そういうドロドロとしたものを自分の中に蓄積させると、汚れ、重たくなる一方です！　へどろみたいにへばりつく気持ちの悪いものは、いっぺんにあなたのパイプをつまらせます。

誰かの何かがうらやましいというのなら、嫉妬やねたみを抱くのではなく、祝福に変え、同時に、「わたしもそのようになれる♪」と、自分にとっての幸運の予告として扱い、祝福に変えましょう。すると、あなたのパイプは清々しく、きれいなエネルギーが通るものとなります！

愚痴や文句や、不平不満や批判めいたものも、手放しましょう。そういうものを募らせるのではなく、心から満足できる状態を自らつくろうとすることが大切です。

　また、心配や不安や恐れは、あなたを曇らせ、落ちこませるだけです。そういったものを抱えているとき、人は、「こうなっては困る」という方に意識を向けがちなものです。

　それゆえ、そこから意識を外し、安心できるものや、ほっとするものにフォーカスすることです。そうすれば、「ここから良くなれそうだ」ということもわかることでしょう。

「クォンタム・フィールド」とあなたは、つねに、〝無意識の領域〟でつながっているからこそ、おかしなものを意識したり、汚れたものをフィールドに放り込んだりしないことです。

　フィールドからの導きや直感をしっかり受け取り、スイスイ前に進むためにも、明るく、きれいに、軽やかになれるよう、自分の心を、生き方を、明るく、きれいに、軽やかにする工夫を、どうぞ♪

そして、覚えておきましょう！　「あなたの心がつまると、フィールドもつまる！　あなたの心が通ると、フィールドも通る！　願いも通る！」のだと！

Chapter 3
このまま幸運をキープする♪

ほしいものが“予期せぬプレゼント”として、
宅配のごとくあなたに届く日常を叶える！

体の声を聞いて、進みなさい！

生命という神の働きが、自分を安全に、快適に導く☆

実は、「クォンタム・フィールド」は、あなたの体の中にも存在しています。それゆえ、叶えたいことを叶えるために、自分が何かしらの行動を起こす際には、体の感覚をよくみて、そこにある〝声なき、声〟もよく聞いてください。

必要なメッセージやサインは、直感を通してだけではなく、あなたの体を通して、やってきたりもするからです！

いいえ、むしろ、ときおりやってくる直感よりも、もっと頻繁に、いつでも、どこでも、あなたに何かを語っているものです！

体は一日24時間年中休むことなく、あなたのために必要な働きをし、生命を維持する偉大なミッションを持っています。そして、あなたをつねに守るために、大なり小なりさまざまなサインやメッセージを送ってくれているものです。

そういうものに、あなたが気づくか、気づかないかだけのことです。あるいは、気づいているのに、とりあうか、とりあわないかだけのことです。

体は、単なる肉のかたまりではなく、神の住む〝神殿〟です！　生命という神の働きが宿っているところです！　それはあなたを安全に、快適に、幸せに生かすために、最善を尽くすべく、すべての働きを〝無意識の領域〟で、完璧にこなしています！

また、体はいつでも、あなたを生かすこと、幸せにすることには、長《た》けているもので、それゆえ、体がくれるサインやメッセージには、何ひとつ間違いがないのです！

体は、つねに正しく、パーフェクトな感覚で、あなたに伝えるべきことを伝えます。

その完全なるパワーをみかたにすれば、あなたは絶対に不幸になりませんし、絶対に幸せになるしかありません。うまくいくのみ！　です。

さて、では、「みかたにつける♪」として、いったい、体は、どんなサインを通して、どんなメッセージを語り、あなたを導いているのでしょうか？　それについて、ここで、知っておきましょう！

ちなみに、それは、とても、シンプルなものです！

たとえば、体は、あなたが何かを選ぼうとしているとき、何かをしようとしているとき、どこかに行こうとしているとき、誰かに会おうとしているとき、あなたにとってそれが〝良くないもの〟である場合、つまり、「それではない！」「それをしないほうがいい！」「その人ではない！」「いまではない！」という場合は、〝もやもやとしたすっきりしないもの〟や、〝不快感〟を与えて、あなたに教えてくれます。

そういうとき、あなたは、それを手にしようにも、「違うなぁ」と感じ、素直に手にとれなくなります。また、それに着手しようにも、手が止まったり、「中止したい！」「断りたい！」という気持ちになったりします。

胸がくっと詰まる感覚があったり、心の中に重い石を詰めこまれたようになったり、重苦しかったり、圧迫感があったりします。

胸の中に得体の知れないぞよぞよしたものがきたり、いやな虫の知らせがきたりします。

また、それまでなんともなかったのに、突然、頭痛がしたり、胃がキリキリしたり、吐き気がしたりします。目が痛くなったり、喉が締め付けられたりすることもあります。いや〜な痛いビリビリしたものを体に感じたりもします。

あるいは、何かをするために、腰を上げようとしても体が重かったり、どうも気のりせず、支度すらできなくさせます。緊張させたり、冷や汗をかかせたりもします。

何かを進めるべく電話をしようと携帯を手に持っても、かけようとすると、手が止まり、ダイヤルを押せなくなったりします。メールしようとしても、言葉が出てこなかったり、書いても、書いても、送信できなかったりします。

あるいは、何か別の重要な用事が入ってきて、予定していたそれができない、行けない、というような、身動きできない状態になったりします。

それでも強行突破しようとすると、ひどいときは、自分が病気やケガをして、すべてのことができなくなる形で、それを止められたりします。

これらは、すべて、あなたにとって〝良くないもの〟を、あなたに選ばせないよう、させないよう、そこに行かせないよう、その人に会わせないよう、そこから人生がおかしくならないようにと、あなたを引き止めているときの、体からのサインです！

このような、**体のサインに素直に従うことで、あなたは、受けそうになった害や災難を、未然に防ぐことができ、そのときの自分自身の心や体や状況をみごとに守れることになるのです！**

もし、そんなふうに、体があなたに教えていることをあなたが無視したり、とりあわなかったりして、いやな感覚がするのに、無理にそれを選んだり、したり、そこに行ったり、その人に会ったりすると、たいがい、ろくなことがないものです。後悔したりするものです。

「気分の悪い不愉快なことがあった」という程度で済むなら、まだいいでしょうが、ときには、大きな損失や害があったり、自分の人生を壊されることもあったりするわけですから、体のよこしたサインを無視してまでも、止められていることをしないよう、気をつけたいものです。

たとえば、あなたが、何かしら高額なものを手にする場面で、お金がなくて、ローンを組むようにすすめられたとします。

しかし、そのローンの用紙を書こうとペンを持ったとたん、胸がつまったり、冷や汗がたらたら流れたり、ど緊張して、書けない（あるいは、そうなりながらも、書いてしまった）という場合には、体が、それを買うな・持つな・ローンを組むな！　と、教えてくれているサインです！

そのとき、そのローンの対象物そのものや、その取引会社や担当者が悪いという場合もあるし、そのローンの対象物や会社や担当者自体は何も悪くないけれど、そのローンを組んだ直後に、何かお金に困る出来事が発生して、生活ができなくなるという事情があとに隠されていることがあったりします。

体は、すべてを知っているがゆえに、そのローン用紙を書くところで、あなたを思いとどまらせるのです。契約寸前でも、必死でストップさせるわけです。

体は、なぜ、いまこの時点の状態から先の展開まで知っているのかというと、体は〝無意識の領域〟を内蔵している「クォンタム・フィールド」そのものであり、神そのものでもあるからです！

体は〝無意識の領域〟や、過去～現在～未来、人と人、人と物事の、垣根を超越しているので、何をするとどうなるのか、その全容をあらかじめ知っていて、それゆえ、あなたになんでも教えられるのです！

ちなみに、何かの寸前ではなく、本当はもっと前から何かを体はあなたに伝えているのですが、それをあなたがキャッチできないとき、その寸前で、体は声をより一層大きくするということです。

それまでも、自分の体に、違和感や抵抗感や拒否感など、いやな何かしらの感覚があったにもかかわらず、それを感じ取れないくらい、忙しくしていたり、頭が理屈でうるさかったりすると、キャッチできないわけです。あるいは、キャッチしたとしても「こんなこと、気にしないようにしよう」と、自分がどけるわけです。

そのとき、人は、体よりも自分の〝理屈〟を重んじているわけです。が、体の持つ神秘なる完璧さに勝てるものはありません。

体からの、〝声なき、声〟であるサインをみかたにして、前に進んで行く習慣を持つと、大難は小難に、小難は無難になり、守られることは多くなり、願いや夢も、もっとすんなり叶うようになるものです。

というのも、いつでも、体がくれるサインは、あなたの「クォンタム・フィールド」からの、慈愛に満ちた、深い愛の命令だからです！

あなたを盛り上げるハッピー・サインは、これ！

キャッチしたい〝幸運の前兆〟☆知っておきたい感覚があります♪

体には、あなたにとって〝良くないもの〟を止めてくれるという働きがあるわけですが、その逆に、あなたにとって〝良いもの〟には、それを良いものだと教えてくれるサインも、送ってくれ、ハッピーな展開を後押ししてくれるものです！

「それを手にせよ！」「それだ！」「いまこそ、進め！」「それで、まちがいない！」と、あなたに素敵なＧｏサインやＹｅｓのサインをくれ、素早く、幸運側へ渡れるようにしてくれるのです。

ここでは、あなたにとって〝良いもの〟だと教えるために、体がどのようにサインやメッセージを送ってくれているのか、それをみていきましょう！

たとえば、**あなたが、何かを選ぶ、何かをする、どこかに行く、誰かと会うというとき、それがあなたにとって〝良いもの〟である場合、体はあなたに、おだやかさ、爽やかさ、よろこびやうれしさ、楽しさ、ハッピー感、安心感、高揚感、感動を与えてくれるものです♪**

たとえば、あなたがそれについて思うだけで、明るい気持ちになったり、うきうき、わくわくしたり、テンションもアップします！

また、それをしようとするとき、気持ちがはやり、勝手に体が動きます！ 軽やかに進め、誰に何かを言われなくても次々と必要なことをしてしまえます！ そこには、衝動があり、「これでいい♪」という確信があり、希望があります！

それが待ち遠しくて、夜も眠れないくらい気持ちが高揚します。〝それはそうなるのだ♪〟と予想でき、うれしい武者震いが出てきたりします。

機嫌の良い自分がそこにいて、まだ何がどうなったわけでもないのに、幸せ感に包まれます。ご飯もおいしく、ぐっすり眠れます。優しい自分になれます。

次から次へと良いアイデアが浮かびますし、前に進むのが楽しく、すべてが楽です。

おまけに、肌艶が良くなりますし、髪もさらさらしてきます。メイクの乗りが良くなり、声もよく通ります。お通じも良くなります。

そして、瞳がキラキラしてきますし、イキイキ輝く自分でいられるのです！

こういったものが、あなたにとっての〝幸運の前兆〟であり、体があなたに、それが良いものであることを教えてくれるのです！

そのとき、「クォンタム・フィールド」は、あなたのために用意している幸運の場面へと、「おいで、おいで♪」しながら、その新しい世界へと、あなたを優しく誘っているわけです！

そうして、その、体が教えてくれる良い感覚についていくと、「えっ、うそ!? ほんと!?」「まさか♪」「夢みたい!!」「うれしすぎる！」「こんなこと、あっていいのかしら♪」というような、素晴らしいことを経験することになるのです！

そこには、「クォンタム・フィールド」が用意した、幸運の出来事、運命の人との出逢い、重要なキーマンの出現、すごいチャンス、うれしい展開、必要な資金や援助、協力者、突如、自分を高みに昇らせる感動的な場面があるのです！
あなたは、とてもラッキーでハッピーな状態で、ほしかった結果、それ以上の幸運と奇跡を、ちゃっかり受け取ることになるわけです！

体は、いつも、あなたに必要なことを語っています！

そして、**メッセージやサインが体の中にやってくるからこそ、あなたは何一つ取りこぼさず、まちがえず、正しく進んだり、止まったりしながら、ゴールできるのです！**

体は、「クォンタム・フィールド」そのものであり、あなたにとって最も近い存在であり、運命を知っており、あなたの意のままに、それを現実で再現する術をも持っていたのです！

そして、そもそも、体はあなたの生命を担っている偉大なるものだからこそ、つねに、その働きはパーフェクトであるしかありません！

それゆえ、大いに信じるに値するものであり、あなたのみかたとなるものであり、あなたの神そのものなのです！

〝ハッピーに安定した状態〟で、いること♪

高いレベルで安定していなくてはならない☆ そのためにすべきこと

あなたに何か願いごとがあるときでも、そうでないときでも、できればあなたには、つねに、〝ハッピーに安定した状態〟でいてほしいものです。

あなたが、〝ハッピーに安定した状態〟でいるとき、「クォンタム・フィールド」もまた然りで、あなたのハッピーをいくらでも日常に増やすことができるからです！

さて、**〝ハッピーに安定した状態〟でいるために、この日常ですべきことは、まずは、心も体も大切にし、健康でいられるように心がけることです！**

インスタントやファストフードばかりの食生活を改め、体に良いものを食べることです。早寝早起き、運動をし、日常に笑いを取り込み、楽しい時間を過ごすことです。不平不満や文句や怒りを捨て、ありがたみと感謝とよろこびを持って生きることです。

また、つきあう人を選ぶことも大切です。自分を萎えさせるだけの人や、会うたびに落ち込まされる人や傷つけられる人、あなたに無理ばかり強要する人や信頼できない人とは、距離を置くことです。

逆に、会うたびに元気になれる人、楽しくなる人、ハッピーな人、新しい発見がある人、パワーをもらえる人、人間的魅力あふれる人、信頼できる人と、積極的につきあうことです。

そして、いやな予感のするほうには行かないようにし、気のりしないものは避け、逆に、良い予感のするほうへ、気持ちがよろこびやうれしさや幸せのあるほうへ、向かうことです。夢とともに、輝いて生きられるほうへ！

もし、こういったことを自分の日常の指針とするならば「クォンタム・フィールド」もその指針に沿って健全に働くこととなります！

〝魔法のお部屋♪〟が、願いを叶える！

ミラクルはいつも、あなたの日常から起こる☆
秘密の習慣を手に入れよう

あなたがいま、ふつうに暮らしている部屋も、何を隠そう！　あなたの夢や願いや望むものを叶える「クォンタム・フィールド」そのものです！

が、その部屋という「クォンタム・フィールド」が、自動的にあなたの夢や願いや望むものを叶える〝魔法の館〟になるためには、受け取る結果と同調するもの、叶えたい憧れの世界と一致するものになっていなくてはなりません。

そうあってこそ、あなたのお部屋から、願いを叶えることができるからです。

というわけで、まずは、部屋をきれいにしましょう。「いまよりましな暮らしがしたい！」と、最低限そう望んでいるというなら、それは当然すべきことでしょう！

部屋を掃除し、物を片付け、あちこちきれいにしてください。脱いだ服はそのままにせず、ハンガーラックにかけ、バッグも所定の位置へ♪

「服やバッグを置く所がない」などと言って、それらを踏みつけるのではなく、チェストでも、シェルフでも買い、ちゃんと整理し、美しく並べてください。

そんなこともせずして、どんな良い変化をこの人生に生み出せましょう。暮らし方は、あなたの人生の質に、これからの行く先に、大きく影響するものです！

さて、あなたに地位と名誉と財産をくれる部屋の北西には、イケてるときの自分の笑顔の写真をゴールドの額縁に入れてかけましょう！　ドレッサー・メイク用品・香水は東南に！　白いチェストやシェルフは東北に、日記や習い事グッズは南西に！お金や財布は西で、金庫は北に！　電話とＦＡＸ、時計やカメラやステレオは東に！お花は南に！　これで、プチ風水もバッチリで、部屋の運気も整うでしょう！

そして、大切なお気に入りのものは、目立つところに！　たとえば、目に入るだけで心癒やされる可愛いぬいぐるみや、好きな人からもらったプレゼントの品、たんに、そこにあるだけでうれしいもの、ハッピーになれるものも、すぐに目に入るところにあるのがＧｏｏｄ♪

そういう部屋に帰って来るだけで、本当は、あなたも気持ちがいいはずですし、優しく、癒され、ほっとくつろげるはずです♪

すると、そのおかげで、なお素晴らしい気分になれ、直感やアイデアや閃きもどんどん得られるようになるでしょう。そのとき、部屋で何かをすることも、必要な努力や仕事をすることも、より楽しくなるはずです！

部屋というのは、何がそこにあり、どういうムードを放っているのかが、とても重要！

というのも、**その部屋にあるすべてのものが、〝声なき、声〟で、あなたに何かを物語っているからです。**

あなたが、今現在、どんな暮らしをするどういう人間であるのか、そこから、どこに向かっているのか、どの程度まで成長しているのか、いま人生のどの地点にいるのかなどを、部屋はあなた自身に、如実に思い知らせるものだからです！

たとえ、**あなたが、その部屋にある〝声なき、声〟をキャッチできなかったとしても、そこにあるムードやエネルギーや波動が、あなた自身に、いやというほどダイレクトに影響するのです！**

同時に、あなたの細胞も、「クォンタム・フィールド」の量子も、みんな、それに影響され、それによって、あなたをここからどこへ、どの程度の人生まで連れていくのかを、決定するのです！

また、あなたの部屋は、ある種のエネルギーを持っていて、まちがいなくその場を振動させており、みあったものを日々生み出しているものです！

それなりの場を形成し、世界観を創造し、あなたを一定の方向に連れていこうとするわけです。それゆえ、おかしな部屋から、おかしな場をつくり、おかしな世界を形成しないでほしいのです。

そして、そのためにも、自分がどんな部屋に住み、何を置き、どう暮らし、どこに向かい、どんな夢を叶えようとしているのかを、ちゃんと自覚し、尊い自分の精神とギャップのない部屋で暮らす人でいることが大切なのです。

もし、美しい豪邸に住む成功者になりたいと願いつつも、「ただいま」と、帰ってきたときに、汚く、散らかった部屋で、インスタント品で食事をするばかりだとしたら、「私には夢がある!」と叫びつつも、きっと、あなたは、大きなギャップを感じ、自分をみじめに思う日々が続くだけになるでしょう。そんなことは、不本意だと言いながらも!

が、逆に、あなたの部屋が、優しく、あたたかく、美しく、品よく、夢や願いや望む憧れの世界を象徴するものであふれていたなら、あなたは、きっと、自分がもうすでに、いまも幸せであることや、豊かになりつつあること、成功しつつあることがわかり、一歩一歩、叶えたい理想の人生に近づいていることを自覚できることでしょう！

もし、そこに多少のギャップがあったとしても、「いま、まさに近づいている♪」「いまの人生も、捨てたものではない！」「いまも、そこそこ幸せだし！」と、そう思え、よろこばしく納得でき、自信が持てるはずです！

ちなみに、**この「いまも、そこそこ幸せ♪」という感覚は、とても重要な感覚であり、すごいエネルギーになります！　そして、「クォンタム・フィールド」は、まさに、あなたがいま体感しているその感覚を、同時に体感し、さらに増幅させ、それを現象化するのですから！**

夢に〝ふさわしい〟自分に、なる！

あなたの叶えたい世界と、あなた自身は、切っても切れない関係!!

さて、突然ですが、鏡に映るあなたは、いま、どんな服を着て、どんな顔をし、どんなムードでそこにいますか？

実は、鏡に映るあなたは、「クォンタム・フィールド」の目に映っているあなたであり、つねに、エネルギーレベルで同調するものです！

それゆえ、あなたの内面はもちろん、外面もまた、叶えんとする理想の状態に〝ふさわしいもの〟にしておくことが重要です！

そうすれば、フィールドは、あなたに何を届けるのが最もふさわしいのか、すぐにわかるからです！

たとえば、豊かで幸せで美しく気品あふれる人として生きたいというのなら、その思いや憧れに〝ふさわしい外見〟を、持つことです。ボロボロのトレーナーとすり切れたジーンズではなく、いっそ、美しいワンピースを新調してもいいでしょう。

また、バリバリ仕事をして成功し、ビリオネアになるぞ！　と、望んでいるというのなら、生地の良いジャケットでも仕立て、パリッと着こなし、腕には高級腕時計をつけ、「時は金なり！」をそのまま実行するような、アクティブな人でいるといいでしょう！

いいですか！　**わかっておきたいことは、先に、形から入れば、つかみやすくなるのが、憧れの世界だということです！**

実際、見た目が変われば、あなた自身の気分も変わり、まわりの反応も、あなたの扱われ方も変わり、環境があなたにくれるものが変わってきます！

「いや、もちろん、夢が叶ったら、それなりにふさわしい外見をするつもりです」というのではなく、いま、ここで、可能な範囲でそうしてしまうことが、重要なのです！

「そんなことをするための余分なお金はない」「いまのわたしには高い洋服は買えない！」「自分に先行投資して、損するのもいやだし」などと、みじめったらしい言葉を吐くのをやめ、〝安物買いの銭失い〟のような買い物ぐせを改めればいいだけです。

ついでに、どこか何か、失敗を意識したような夢のみかたも、やめることです！

とにかく、夢にふさわしい自分をコーディネートすることは、誰にでも可能で、その術は無数にあるはずです。たとえば、安物のブラウスを3枚買うくらいなら、がまんして、良いものを1枚買い、それを、胸を張って着てください！

それだけで、あなたのファッションセンスも感性も外見そのものも、ぐ～んと良くなり、リッチなムードが放たれ、鏡に映った自分にも自信が持て、オーラも光り輝くことでしょう！

ちなみに、**オーラには、〝自分が何者であるのかを無言で世界に放送する力〟があり、それをも「クォンタム・フィールド」は、逃さずキャッチしています！**

叶えたい世界にあるものを、いま、自分にとり入れることで、結果と即・同調することになり、その高いエネルギーが「クォンタム・フィールド」を刺激し、望むゴールへと進むスピードを加速させてくれるのです！

いつでも、叶えたい世界と自分の姿をそれにふさわしいものにマッチさせるとき、あなたはその瞬間から、すでに理想そのものになっています！

そのとき、「クォンタム・フィールド」は、やってくれますよ！　叶えたい未来のために、ふさわしくあろうと何かを準備したあなたのために、ちゃんと、必要な仕事と、幸運の流れと、素晴らしいお膳立てを♪

ほしいものに対するお支払いには、条件がございます

高額代金は必要なし。ただし、〝支払い方〟は、フィールド独自です

「クォンタム・フィールド」には、あなたの夢や願いや望む世界を自動的に叶えるシステムがあり、そのためにあらゆる人や物事を総動員して運命を動かす力もあります！

ただし、**そのシステムを効果的に働かせるためには、あなたの意識の〝先払い〟が必要なことは、最初のほうでもお伝えしましたね。**

とにかく、後払いは、不可！　先払いの方のみ、結果を約束してもらえるというわけです！

それゆえ、たとえば、前項までのことを例に言うと、「成功してから、部屋にシャンデリアをつけよう」と、豊かな暮らしの一部を後回しにするのではなく、「成功者と同じ気分をいま味わおう！」と、先に、それを体験することがいいわけです。

それが、〝意〟と意識、意思、意図の先払いとなるからです！

それは、また、結果と同調するムードやエネルギーや波動を持つことにもなり、「クォンタム・フィールド」を大きくゆさぶり、システムをフル活動させて、魔法を発揮させる秘訣でもあるのです！

ちなみに、わたし自身、意識も、ムードも、感じ方も、感謝も、楽しんで前払いしてきました♪　所持金９万円で、かばんひとつでの上京でしたが、そのまま高級住宅地に住み、大きなお金が入ってくる前に、先に、シャンデリアとピアノと大理石のテーブルのある部屋に住んだのです。

ふつう、お金もないのに高級住宅地に住むというと、「なんて、バカなことを」「身のほど知らずが！」「贅沢だわ！」などと、他人は言うことでしょう。

しかし、わたしの中にはそんな考えはありませんでしたし、実際、理想をそのまま、一部でもいいから、とそのとき現実に取り込んだ部屋や暮らしは、高い質をたずさえて、スピーディーに、理想の世界を、望む現実をみごとに叶えさせてくれたのです！

規模はどうであれ、自分の住む部屋に、理想の一部をよろこんで投入し、いまの暮らし自体に感謝するとき、その場はハイレベルなエネルギー・フィールドとなり、いくらでもパワーをくれ、あなたを応援してくれるものとなります！

そして、やがて本当に素晴らしい豪邸に住めるよう、より幸せに豊かにすべてに満たされた人生になるよう、家でも仕事でもお金でも運命のパートナーでも、さらなる飛躍やチャンスでも、めいっぱい与えてくれるのです！

それらのすべては、もちろん、部屋という場の意図が通じた「クォンタム・フィールド」からの贈り物です！

もはや、祈らない☆

そこにいながらにして、すべてが成り立つ♪
それこそが、魔法！

自分を囲むもの、着るもの、持つもの、住む部屋、通う場所などが、あなたの願いや夢にみあったものになればなるほど、あなたは、それに〝ふさわしい人〟になります！

そして、それなりの精神で、それなりの言動をし、それなりに物事をうまく動かせる人になるのです！

そのとき、もはや、何かを、あなたは特に祈らずとも叶えていける、ふつうでいて究極の状態になっているものです。

自分の目に映る自分が、自分を囲むすべてが、自分の叶えたい夢や願いや望む世界を象徴しているとき、あなたは「クォンタム・フィールド」と日常的につながり、ツーカーの仲でいられます！

あなたは、〝ただ、そこにいながらにして、すべてが成り立つ！〟という状態になり、ごく自然に、自分自身と運命を、望む方へ、望む方へと、自動的に動かしていけるようになります！

そのとき、物事が滞りなく起こる円滑現象や、意味ある偶然であるシンクロニシティや、思いもよらぬ幸運の出来事セレンディピティが、日常的にしょっちゅう起こるようになり、あっけなく、ほしい結果にたどり着く人になるのです。

さて、いつでも、祈ったり、願ったりするよりも、強力に「クォンタム・フィールド」の魔法のシステムを動かすことができるのは、自分自身が「わかっている」「知っている」「納得している」というものです！

何をわかっているのかというと「やがて、自分はそうなる♪」と、望む結果をわかっているということです。

では、なぜ、まだ何も起きていないのに、そんなことがわかるのかというと、「決めた」からです。

人は、自分が決めたとき、答えが、結果が、未来が、わかるのです！

よく、「あなたの夢や願いが叶うことを信じてね」と伝えると、「そんなこと信じる自信ありません」という人がいるわけですが、信じるのに自信など、本来、必要ありません。

必要なのは、「そうなる♪」「そうする！」「それを持つ！」という、決心のみです！

そのとき、祈らずして、すべてが叶う魔法は、ダイレクトに、大胆に働き、奇跡さえも、かんたんに起こすのです！

Chapter 4
“奇跡が起こる領域”に、踏み込む♪

あなたが身を置く環境を、
まるごとミラクルで満たすやり方

〝幸運あふれる安定期〟に入る♪

ちょこちょこ「いいこと」がある☆
そんな状態を持ち、長くキープする！

体調のコンディションが良く、物事をプラスにとらえられ、自然の理に適った生活、つまり、疲れたら寝る、無理しない、ちゃんと食事や休息をとり、自分に無理強いさせない生き方をするようになると、あなたはごく自然に、〝幸運あふれる安定期〟に、入ることになります♪

〝幸運あふれる安定期〟とは、どういう状態なのかというと、心身ともに健康で、おだやかでリラックスしていながらもパワーに満ちている、〝魂ごと元気な状態〟です！自分にも他人にも優しくでき、物事ともうまく調和でき、すんなり前に進むことができます。

そこには、心地よい「余裕（ゆとり）」があるものです！

「余裕（ゆとり）」があると、人は、自分をベストコンディションで保て、自分を大切にしつつも、他人にも愛と理解と優しさを持って接することができ、どんなことにもていねいにかかわれ、正しいことをかんたんに行えます！

そのとき、まわりからもなにかと好意的に受け止められ、自分の考えていることや言動が、まわりの人たちから受け入れてもらいやすくなります。

すると、動くたびに、〝良い感触〟がいくらでも返ってくるようになります！

また、その余裕ゆえ、視野も見聞も広がり、より多くの価値あることに目を向けられるようになり、尊い目標やミッションを持って生きられ、ごく自然に新たな可能性やチャンスをも拾うようになり、そのおかげで、夢や願いも叶いやすくなります！

ちなみに、目標やミッションのある人は、自発的に行動するようになり、努力も時間も惜しまなくなるので、なにかとやったことが報われやすく、いい結果を出しやすく、自分の行動からも、環境からも、さまざまな恩恵を受けやすくなります！

しかも、ふつうにしていても、日常的にちょこちょこ、いいことが起こります！

この〝幸運あふれる安定期〟を長くキープするほど、人生の良い状態も長くキープされるということです！　そのとき重要になってくるのが、マイペース、マイリズム、です！　自分以外の他者のペースやリズムでは、いけないわけです。

そして、この、マイペース、マイリズムを、上手に守ることで「クォンタム・フィールド」も、あなたのペース、あなたのリズムにあわせて、快適に、軽快に、望む運命を創造してくれるようになります！

あなたの"空気感"が、ものを言う!?

あなたは気づかないかもしれない。が、世界はそれをキャッチする

あなたは、自分がどんな空気を漂わせているか、気にしてみたことはありますか？

人は、案外、そういうところに気づいておらず、それゆえ、自分が漂わせている空気によって、人が近づいてきたり、遠ざかったり、良きものがやってきたり、逃げたり、物事が成り立ったり、壊れたりしていることを、わかっていません。

そして、**あなたが漂わせているその空気感を、「クォンタム・フィールド」もキャッチしているのです！　そして、キャッチしたものの性質や感触によって、あなたに届けるものをセレクトしていたのです！**

そもそも、空気感の中には、あなたの意識、感情、エネルギー、抱かれているなんらかのイメージ、腹の中でつぶやく本音、本性的なものまで、みごとに含まれており、まったく嘘がつけません。

いつも、どんなときも、本当に肝心なものは、目にはみえないけれど、ただ、感じ取られてしまうもの！

なんということでしょう！

自分が漂わせている空気がどんなものであるのかは、冷静に、客観的になって、鏡をみればわかることもあります。気心許した仲のいい友人に聞いてみるのもいいかもしれません。

とにかく、自分の空気感を知っておき、よろしくないものなら、良いものに変える工夫も必要でしょう。なぜなら、それは、フィールドのみならず、まわりの人にも大きな影響を与え、その影響の産物である現象を、あなた自身が受け取ることになるからです！

ちなみに、フィールドはどんな空気感が好きなのかというと、明るくて、爽やかで、軽やかで、あたたかく、弾むようなものです！

その空気感の中には、良い意識、ポジティブなイメージ、良い感情があります。また、あなたがいま〝うまくいっている〟ということや、〝良い状態である〟ことや〝近づいてもいい状態〟で、〝親しんでも安全〟であり、〝信頼できる〟〝ともに幸運になれる人〟であることを、示しています。

これ、たぶん、フィールドだけでなく、誰もが好きな空気でしょう♪

逆に、フィールドが苦手な空気感は、暗くて、陰湿で、重くて、冷たく、ドーンと沈むようなものです！

その空気感の中には、よろしくない意識、ネガティブなイメージ、負の感情があります。あなたがいま〝うまくいっていない〟ことや、〝良くないものをたくさん抱えている状態〟〝近づかないほうがよさそうな状態〟であり、〝避けるべき人〟で、〝幸運とは、縁遠い人〟であるかのように、示しているものです。

これ、たぶん、誰もが好きではない空気でしょう。
どうせなら、前者のような、良い空気感を持っていたいものです♪

しかも！ **空気感というのは、ただ、そこに、ほろほろと漂っているだけではなく、何かを惹き寄せたり、蹴散らせたりする、仕事をします！**

たとえば、一緒に何かをする人たちの気分やムードやテンションやエネルギー、資質や状態を、上げたり下げたりするのです。また、そこにある世界観の運気を上げたり、下げたり、そこにある運の行方を幸運にしたり、不運にしたりします。何かを成功させたり、失敗させたりも。

あなたの空気感が良いものであればあるほど、あなた自身もかかわる人も、元気にパワフルになれ、たくさんのラッキーやハッピーを得ることができます！

また、そこにある世界は光に満たされ、みんな仲良く和合して、やることなすことうまくいきます！　幸せに、豊かになるのも、かんたんです！


逆に、空気感が悪ければ悪いほど、あなた自身、元気ではいられず、かかわる人は少ないか、最初はいてもそのうちみんな、離れていきます。

特に、〝冷酷そうな空気感〟を持っている場合は、人はみんなその人を恐れ、毛嫌いしますから、誰もいい人が寄りつかず、良きものが運ばれにくくなってくるものです。

その人から漂ってくる空気が悪いと、その人がいくら、学歴が高く、優秀で、特別な何かを持ち、仕事ができる人であったとしても、人が好かず、認められるチャンスもなかなかありません。


人を引き上げるのは、人であるからこそ、また、引き上げてくれる人と出逢わせてくれるのがフィールドの働きだからこそ、漂わせている空気感を良いものにしておくことは、とても大切なことなのです！

フィールドは、その空気感をキャッチすると、すぐに、あなたのいる世界がどんなものであるのかを察知し、同質のものを生み出します。いやでもその影響を受けてしまうのだということを、どうぞ、お忘れなく！

ちなみに、最もダイナミックに人生好転が叶い、奇跡を起こし、飛躍成功し、富貴繁栄を叶えるのは、あなたが太陽のごとくまぶしく輝き、パワフルで、大きな存在感で、天のように公平で、めいっぱい光を放ち、世界を、みんなを明るく照らすような、〝まばゆいばかりのキラキラの空気感!!〟を持っているときです♪

こうあれたら、もう、最高です！

高い周波数のエネルギーを、あびる

場も人も共鳴し、パワーを広げる☆ そのとき、自然にレベルUPする！

叶えたいことがあるというなら、自分をパワーあふれる人にしておきましょう。良い刺激で、自分を高め、よろこびのエネルギーを増やすのです！

そうすれば、「クォンタム・フィールド」にも、その高い周波数のエネルギーで、良い刺激を与えられ、大きくゆさぶり、結果を早く手にすることができるからです！

そのために、やれるオススメのことは、憧れのスターのライブや著名人の熱いセミナーなど、〝熱い場〟に、どんどん出かけることです。

そして、**そこにあるそのホットな熱気や気迫、ポジティブなエネルギーのシャワーをおもいきり、あびることです！**

そこには、ステージに立つひとりのスターのエネルギーだけでなく、その会場にいる何万人もの人の熱気や憧れやよろこびの歓声のエネルギーが合体した、すごいパワーがうごめいています！　それは、臨場感とともに迫ってくる迫力満点の巨大なエネルギー!!

そこにいるだけで、スターの輝きやオーラや光、その存在感のすごさに感化され、大きな感動に包まれ、魂の躍動を覚え、とても幸せになれるものです！

あなたをいつもの自分とは違う、ポジティブでパワフルな、〝何でもやれそうな自分〟にしてくれることでしょう！

それが、熱い、良質な、高い周波数のエネルギーの影響力です！

テレビやパソコンの画面越しに何かを観るのとはまったく違うもので、生ならではの良さがあり、それは、細胞ごと、魂ごと、あなたを一瞬で高める効果的な働きがあります。

良質の高い周波数のエネルギーあふれる「場」を共有するということで、人は、いともかんたんに高い周波数のエネルギーと共鳴でき、よりパワフルになれるのです！

さて、スターという世に出て活躍する人のビッグなサクセスパワーと、それを応援する人たちの熱気というサポートパワーがひろがる場を通して、高いレベルの振動波動と共鳴すると、その影響を受けたことで、自分のエネルギーも自然に引き上げられ、その後、たいがい、かんたんに「いいこと」が起こるものです！

可能な限り、高い周波数のエネルギーにふれたいもの♪

しかし、いろんな事情で、なかなかコンサートやライブに行けないとしても、それ以外のことでも、日頃から、エネルギーを高めることはできます！

たとえば、自分が元気になれる場所、感動できる場所、いるだけでテンションの上がる場所、お気に入りの場所に、足を運ぶこと♪

そうすれば、その場の持ついい気を取りこめ、すんなり、パワーチャージできます！

また、明るく元気な人、ポジティブな人、一緒にいて楽しい人、会ってうれしい人、憧れの人、運のいい人、成功している人、あらゆる面で豊かな人に、どんどん会うことです！

そういう人たちと一緒にいると、知らないうちにあなたの中にも同じような資質が芽生え、良い影響を受け、エネルギーも生き方も、よりレベルアップするしかなくなります！ これは「ダルシャン」の法則といって、人はより高いパワーのある人のそばにいくと、その善なるすべての影響を受け、自分も同じようになれるというものです！

さて、パワーがあり、影響力があり、カリスマ性があり、精神レベルが高く、優しくあたたかい人、誰にでも親切で親しみやすい人は、愛の人であり、誠なる人です！ そういう人は、「ダルシャン」そのもので、ふれる人みんなを幸運にし、幸福にし、成功させ、繁栄させるのです！

もっとも、自分が「ダルシャン」のような人になるのが、一番いいわけですが。

とにかく、**自分のパワーが高まると、より尊いことを叶えようと、自発的に自分を高いレベルの方へと、導いていくものです！　そもそも、高いエネルギー＝パワーというのは、つねに出口を求めており、外に形をとりたがり、何か良いものを創造したいという性質があるからです！**

そして、そのような高いエネルギーを「クォンタム・フィールド」は、瞬時に取りこみ、あなたのために高いレベルの世界をこしらえるのです！

ちなみに、高いレベルとは、愛と慈悲と感謝と光に満ちた世界です！

いっそ、光り輝くスターに！

お望みならば、まぶしいスターのような存在に、あなたもなれる！

あなたが自己の限界を取り払うとき、可能性に満ちた大いなる自分自身とみたこともないようなみちがえる人生が、目の前に現れます！

たとえば、大勢の人の前で、まぶしいスポットライトをあびながら、キラキラと最高の笑顔でほほえみ、歌い、拍手喝さいをあびる光り輝くスターは、なぜ、こうなったと思いますか？

〝その他大勢〟という一般の人々の枠からぬけだし、羨望の的となり、多大なる影響力を与え、まわりに愛と希望と勇気を与えるスターは、表舞台でそうなる前に、その裏の世界、そう、現象界で、「クォンタム・フィールド」という無意識の領域で、すでにその姿をみていたから、そうなれたのです！

彼等は、最初に、それを意識したのです。そうして、そこにあるわくわくドキドキするフィーリングと素直にたわむれ、その他大勢の一般の人たちよりも、高い意思や意図とトキメキを自分に持たせ、心を光で満たしたのです！

それに続いて、その結果に向かう大小さまざまな、いくつもの出来事や人の流れがあり、そうなるような現実へと誘われていったのです！

その出来事のすべては、彼等の、ごくふつうの日常で起こったことで、ある意味、何も特別なことではありません。

彼等は、ただ、その印象を「クォンタム・フィールド」に刻み、同化しただけだからです！

〝陰で自分を磨くから、表の世界で光があたる！〟ということです！　それは、まさに、「クォンタム・フィールド」が教えてくれている、光り輝く理想の世界の、現象化の秘密です！

自分が密かに、自分の心の奥底で静かに行ってきたことは、やがて、大きく動きだし、外側に現れ出んとし、その結果を自然に生み出すことになるのです！

それは、あなたからみたら、とてもすごいことで、信じられない夢のような話に聞こえるかもしれませんが、量子の世界では、当然のことであり、それはごくふつうのことなのです。

そして、そんな量子の世界である「クォンタム・フィールド」は、誰をスターにするのも労力は同じなのです。誰がそれを意識し、イメージし、感じ、そのつもりになったのかということです！　その違いのすべてが現実の違いとなっているに過ぎないのです。

あなたがそれをしたならば、あなたがスターになっているわけです！
それは、いまからでも可能であり、大いなる可能性のドアをひらいて、あなたは迎えられるのです！　「クォンタム・フィールド」という、神の領域に！

いま・ここ・すべての法則☆

家にいながら、時空にダイブし、叶えたい未来を、いま用意する♪

あなたには、選択可能な無数のあらゆる人生が用意されています！
しかも、それらは、すでにこの時点に存在しており、あなたが自由に選べるものです。どんな人生ドラマを生きたいのかは、あなた次第となります！

それは、あなたが〝意識〟を向け、興味深くフォーカスし、好意的な意思を通して、よろこばしく意図するとき、「クォンタム・フィールド」を介して、この現実にやってくることができます！

その望み、選んだ人生を、現実のものとして顕現させるためには、「いま・ここ・

すべて」という概念（地点）に立つことです！　すると、それがどんなものであれ、あなたの前に現れるチャンスを得て、良い変化や望む状態を、おもしろいほどかんたんに生み出し、新しい人生を目のまえに出現させます！

さて、「いま・ここ・すべて」とは、「あなたの生命の時間」＝生きている〝いま、この瞬間〟の時間と、「あなたがいまいる空間」＝自分がいる場所や環境というその時間と空間、が交わる尊い地点です！

そこは、永遠の一瞬であり、その一瞬、一瞬が、新しく、つねに自由に、新たな可能性をひろげ、いくらでも更新可能となっています！

「いま・ここ・すべて」の地点に立つと、過去や現状がどうであれ、〝いま、まさに、この瞬間!!〟から、ここから先のすべてを、より良く、より幸せに、望むものに、最高のものに、していく力を発揮するのです！　そう、あなたも、運命も、「クォンタム・フィールド」も!!

この「いま・ここ・すべて」の概念は、図にするとわかりやすいです。それは、ちょうど縦と横がクロスした交差点（中心点）となります！　十字の中心をイメージしてみてください。

中心にいるとき、エネルギーは四方八方に、放射状に、ひろがることができるのです！　つまり、あらゆる可能性を持つことができるということです!!

つまり、あなたがこの人生を生きるには、まず、自分の生命が維持されていることが、なによりも優先され、大切にされなくてはなりません。

「生きている」ということが、重要なわけです！　いま、ここに、この瞬間！

その**生命は、先祖から脈々と続く縦に伸びるつながりであり、〝縦に流れるエネルギー〟です。**

そして、その生命を持って、あなたがこの地上でより良く、快適に、幸せに、豊かに、生活するためには、自分自身はもちろんのこと、自分をとりかこむすべての人・

物・事と、その場所、その場所で、良い形でつながっていくことが必要不可欠となります。

その、人・物・事などのあらゆるつながりは、横に伸び広がるつながりであり、〝横に流れるエネルギー〟です！

この縦と横のエネルギーラインが交わる中心の一点こそ、「いま・ここ・すべて」であり、尊いパワーの源泉なのです！

それは、生命とあらゆるものとのかかわりが出逢うところ（クロスの中心点）であり、またとないチャンスを生み出すところであり、あらゆるものとの奇跡の出逢いを生み出す、すごい地点なのです！

その**「いま・ここ・すべて」の地点に立つとき、あなたは、その時、その場所、そこにある人生に、いくらでも自由に新しい発想とエネルギーを放つことができ、なんでも自由に、新たに、創造していける状態になるのです！**

　また、それは、あなたの心と体と魂がひとつになる点でもあります！　また、天・人・地がひとつになる点でもあります！

「いま・ここ・すべて」に、「心・体・魂」を調和させ、「自己・他者・神」を統合し、一丸となって立つとき、あなたは、無敵であり、勝者であり、完全なる運命の創造主となります！

　さて、あなたが、「いま・ここ・すべて」の地点に立つことの重要性を知り、いま、ここで、本当に叶えたい生き方を意識し、その夢を、願いを、選び取るならば、その意図は、叶えられるしかなくなります！

　たとえ、人が聞いたら笑うような大きな夢や願いであっても、奇跡でも起きなければ起こらないような映画の中のようなことであっても!!

　というのも、「いま・ここ・すべて」には、〝これまではこんなに悪かった〟〝現状は最悪の状態です〟などというものすべてを、瞬時にゼロにし、新たなスタートの瞬間と、人生の更地（さらち）を与えてくれ、「いまこの瞬間から、いくらでもやり直せるよ♪」と、エールを贈ってくれるものだからです！

そして、その地点に立つ者は、誰もが不思議な力に支えられ、絶対、うまくいくのです！　なぜなら、それが、「いま・ここ・すべて」の法則だからです！

ゼロになり、チャンネルを合わせる

「パラレル・ワールド」という、もうひとつの新たな人生を出現させる方法

あなたは、ときどき、「こうなればいいなぁ～」「あれが手に入ればなぁ♪」「こういう暮らしが叶ったら、どんなにいいだろう♪」などと、あれこれ夢みることがあるでしょう。

そのとき、あなたが意識を向け、イメージした世界は、いまこの時点では、まだ、ただの〝空想の世界〟な、わけです。

けれども、その〝空想の世界〟が、あまりにも魅力的で、幸せで、そこについつい没頭してしまうとき、あなたはいまここにいながらにして、〝すでに、その世界を生きている〟ことになります！

それが証拠に、なんともおめでたいことに、よろこびの感情が沸き上がったり、感動と興奮で眠れなかったり、うれし涙が出たりするわけですからねぇ～。

そのとき、あなたは、いったい何をしているのかというと、ズバリ！「パラレル・ワールド」を生きている！ということです。いまの現実とはちがう、もうひとつの人生の現実を！

「パラレル・ワールド」とは、あなたが生きているこの現実に平行して存在する、いまは、まだ、ここに現れてはいないけれども、あなたのために用意されている、尊い、まだ見ぬ別の現実世界です！ まだ現れていないだけで、あなたが望めば、現れる人生なのです！

それは、目には見えない〝空想の世界〟に無数にありますが、目に見えないからといって「ない」のではなく、確かに心に「ある」ものであり、ちゃんと未来に「ある」ものであり、これから、入ることのできるものです！

といっても、何も怪しい話をしようというのではありません。

とにかく、それは無数に、際限なく存在する、可能性に満ちたものであり、あなたが、前項でお伝えした、「いま・ここ・すべて」の地点に立つとき、過去のすべても不本意な現状もすべてをゼロにし、新たにスタートするものとして、入り込める世界です！

それは、いまの現実からかけ離れたほど遠いものではなく、いまの現実から、ひょいとシフト（移行）できるもの！（よろしければ、『ほとんど翌日、願いが叶う！シフトの法則』著：佳川　奈未（青春出版社）も、どうぞ♪）

ちなみに、ゼロになる（ゼロにする）とは、前項でお伝えした「いま・ここ・すべて」の地点に立つことですが、それは、これまで観ていたテレビ番組を「もう観るのをやめよう」と、つけていたテレビをいったん消すのと、似ています。

そのとき、あなたは、「無」の画面の場所に立っているわけです。「無」といっても、何もないのではなく、すべてが「有る」のです。選択と可能性のすべてが!!

テレビを消したら、あなたの目の前から、さっきまで観ていたものが、消えます。が、もう一度、あなたが何かを観たいと思ったときには、またテレビの番組欄をながめ、もっといい番組を選択すればいいだけです。

そうして、「これにしよう♪」とテレビをつけ、観たいものにチャンネルを合わせるだけで、みごとに、望み、選択し、実行したものが、目の前に現れ、大満足となるわけです!

こんなふうに、いまとはまったく違う別の人生、新しい現実、より幸せな人生、より理想的な人生というような、「パラレル・ワールド」の中にあるものに、素直にチャンネルを合わせるだけでいいのです!

ちなみに、あなたに内蔵されているチャンネルは、〝意識〟ですよ!

ちゃんと、望むものに合わせてくださいよ。

チャンネルをあわせ、実行すると（目の前にある必要な言動を一つひとつしていくと）、それは、この現実に、降りてくるしかなくなります。

ちなみに、「3人の子持ちのふつうの主婦でも、ベストセラー作家になれたらどんなにいいだろう♪」と恋焦がれた世界を、わたしが現実のこととして生きられるようになったのは、〝働きながら子育てしている主婦の人生〟と、並行して存在する〝可能性の世界〟に、〝意〟を通して、チャンネル合わせをしたからです！

チャンネルを合わせたことで、わたしがこの世で観ることになった現実が、変わったのです！

誰にでも、平行して存在する大いなる可能性と、みちがえるような人生、憧れの世界があり、それは無数にあって、お望みならば、今世で、いくつ叶えてもいいわけです！

たとえば、会社員人生がおもしろくないというなら、違う人生もありです！　が、会社員をしながら、アイドルになって、好きな小説を書いて、人の心を救うカウンセラーとしても生き、愛する人のお嫁さんになってもいいわけです。複数の人生の〝いいとこ取り〟をしたって、いいのです！　自由に、どうぞ♪

「パラレル・ワールド」を、今世で、同時に、いくつも生きることを選択してもいいのです！　あるいは、人生の時期によって、チャンネルを切り替えたっていいわけです。〝30才になったら、△△しよう！　そして、40才になったら、〇〇な人生を生きよう！〟などと。

他にもあるであろう、いまよりほっとする、うれしい、楽しい、幸せな、すべてにおいて満たされた素晴らしい世界を、ここに降ろしたいときには、いつでも、あなたの中で、ゼロになるだけでいいのです！

そうして、そこから新たに何かを選び、「こういう現実を生きることにしよう♪」と観たい世界にチャンネルを合わせれば、たちまち、人生も運命も切り替わることを許されるのです！

無数に存在するどんな世界も、あなたに選ばれるのを待っています！
そして、あなたがどれを選ぼうと、「クォンタム・フィールド」には、その世界のドアがちゃんと存在し、中に入れるのです！

ちなみに、人は、この人生を、〝動かすことのできないやっかいなもの〟であるかのように考えがちです。が、そうではありません。

人生は、岩のように硬いものでも、幾重にも積み上げられたブロックのようなものでも、動かぬ壁のようなものでも、ありません。たった一つの選択で、すぐさま、まったく別の顔をみせ、新たな方向へと、自動的に展開していく、柔軟なものだったのです！

すべては、柔軟なものだからこそ、柔軟に、変化するのです！ あなたも柔軟に、どうぞ♪

場と一体化する呼吸法とは⁉

アースパワーと同調すれば、もはや、世のすべてがあなたのみかた♪

手っ取り早く、「クォンタム・フィールド」と同調し、あなたの生命とフィールドを活性化し、イキイキさせ、待ち望む新しい運命に、おおいなる息吹をかけるアクションがあります！

ズバリ、それは、呼吸です！　といっても、ふつうの呼吸ではありません。

「5秒で吐いて、5秒で吸う」というリズム呼吸を、一回約3分程度、一日2～3回、気がむいたときに行うというものです！

この5秒、5秒の、呼吸リズムが神秘的な働きをし、アースパワーとつながり、深い安心感を得られ、フィールドに聖なる刺激を与え、日常を幸運化させるのです！

椅子に腰かけるか寝転ぶなどして、ゆったりと、おだやかに行いましょう！　できれば左手を心臓のあたりにそっと添え、その上に軽く右手を重ね、慈しみと感謝を持って、優しい気持ちで呼吸します。

ちなみに、この呼吸は、一日中するものではありません。

一日の中で、アースパワーにつながりたいとき、フィールドとコンタクトをとりたいとき、また、自分の生命を祝福したいとき、なにか良い変化がほしいとき、神秘を感じたいときに行います。リフレッシュしたいときや気になるとき、理由がなくてもしたいと思ったときには、いつでも、どうぞ♪

とにかく、一回につき、3分程度でOK！　それ以上、長くする必要はありませんし、むしろ、それ以上やらないでください。まぁ、実際にやってみるとわかりますが、このリズムのまま、ずっと呼吸することはできないものです。

それにしても、ほんの3分程度なのに、この呼吸を行うと、なぜかとてもリラックスし、生命力が復活したかのような素晴らしい感覚になれ、癒され、爽やかに満たされます！

いい予感にも満たされ、たいがいその後、4～7日くらいで不思議なことが起こります！　それは、あなたが気にしていたものを惹き寄せる現象であり、幸せなシンクロニシティ！　是非とも、それをご体験ください♪

すべては、完璧に行われる!

その順番、そのやり方、その場面☆
すべては必然! コースは正解!

あなたの意のまま願いを叶える「クォンタム・フィールド」は、あなたの意をくみ取りつつ、あなた自身は当然のこと、あなたとかかわる人、あなたがかかわる出来事、あなたのかかわる場や環境の、すべてを統合し、願いを叶えます!

そのとき、あなたの知らない方法、もっと効果的なやり方、より最短コースに乗れる道を使い、無駄なすべてをカットし、不思議を取りこみつつ、幸運のおまけをちょこちょこ投入しつつ、しっかり仕事を遂行します!

宇宙全体を動かし、運命の歯車をジリジリと、時には大胆に動かし、それを強制的に叶えていくわけです♪

そんな、**神秘とリアルをつなぐ「クォンタム・フィールド」は、何一つまちがうことはありません！　まちがってあなたを導くこともありません。まちがって出来事を起こすこともありません。**

しかし、あなたのほうは生身の人間であるがゆえに、ときには、まちがいをおかすことがあります。しかも、多々あります。

たとえば、ものの考え方や言動がズレていたり、的外れな行動をしたり、まちがったやり方をしたり、違う相手とつながったり、場違いなところに入ったり……。が、そんなことをされていては、最短コースで行こうにも、手間取ってしかたありません。

けれども、**「クォンタム・フィールド」は、いったんあなたの意をくみとって、あなたの願いや夢や望む世界を創造すべく動きだしたら、その全行程をスケジューリングしており、舞台セッティングしています！**

それゆえ、途中経過にある、まちがったものやよけいなもの、いらないもの、良くないものをみつけた際には、徹底排除し、正しく、修正にとりかかります。

そのとき、あなたの現実では、何かがキャンセルになったり、白紙になったり、誰かが離れたり、待っているものが遅れたり、物事が壊れたりすることもあります。なんなら、会社でリストラされたり、ピンチ的環境におかれたり、どこかから去らざるをえなくなったり……。

すべては、必然！　最善！　成就までのコースの中に必要だったこと！

それがあって、そのあとのことがあり、こうなるのだよ、ということが、後で、つじつまが合うようになっています！　その出来事、その順番、そのやり方、その流れでないとダメだった理由がそこにあるわけです。

それゆえ、何か不本意なことがあったとしても、いちいち騒がないでくださいよ。落ち込んだり、くよくよしたり、泣きごとを言ったりして。

まちがっても、「どうしてくれるんですか！　そのつもりでいたのですよ!!」などと、おじゃんになった物事に対して、責めずにはいられないと、誰かを攻撃してはいけません。「なんとかしてください!!」と泣きつくのもやめましょう。

もし、悪あがきして、何かをごり押ししたり、力ずくで成立させようとしたり、故意に誰かを操作しようとしたりして、止められているものや、おじゃんになったものを、無理やり形にしようとすれば、どうなると思います？

あなたには二度手間になることがあるか、ほしくない結果を手にすることになります。ひどいときには、大きな損害を与えられることになります。

「クォンタム・フィールド」にすれば、あなたが人間であるがゆえに、途中で何かをまちがえることも、問題発生することも、ぜんぶ計算のうえです！　それをふまえて、修正を行うところまで計画に入れているわけです♪

ですから、どうぞ、安心して、前へ前へと、進んでください。何かが壊れたときには、壊したままにし、いさぎよく、元気に、「はい、次！」です！

その潔さが、道を、運を大きくひらくのです！　それゆえ、新たな気持ちとパワーを携え、楽しんで、さらに先へと進んでください。その背後にある、慈愛に満ちたフィールドに全幅の信頼をおいて！

ちなみに、あなたの明るく潔い心的態度に感動するとき、フィールドは、もっとふさわしい登場人物たちをあなたの人生へと新たに投入してきます！　そして、大小さまざまな数々の意味ある出来事を生み出し、大きな幸運の流れをつくるのです！

そして、ある瞬間、あなたにうれしい結果を、ポンッと引き渡します♪

あなたが思っているよりすごい形で、感動的なクライマックスで、夢のような最終場面を用意して！

愛と感謝で、すべてを超越する

あなたのすべてを愛してください☆
そのとき、おだやかな人生が現れる！

最も壮大に、感動的に、「クォンタム・フィールド」を働かせ、奇跡さえも起こしてもらえる、すごい要素があります。それは、愛と感謝です！

愛と感謝のエネルギーが、フィールドに溶け込むとき、あなたの人生に信じられないような、夢のような現実が現れます！　そして、大きく安堵し、物心両面、満たされるしかなくなります。

愛は、すべてを一瞬で超越する、はかり知れないパワーを持っており、どんなものをも快にし、善にし、感動にし、奇跡にします！

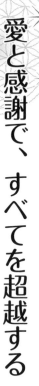

ちなみに、奇跡とは、起こらないことが起こることではありません。不可能にも見えることが、愛によってすんなり可能になるということです。逆にいうと、奇跡は、愛のあるところでしか起こりません。

また、**愛が引き起こす奇跡には、因果関係がありません。それは、ただ、愛によって起こるのみです！　難しい理屈も怖い因縁も不幸も、愛は超越でき、愛の力ですべてを好転させるのです！**

さて、あなたの人生に幸せな奇跡を起こし、夢みたすべてを現実にしたいというのなら、いますぐ、いまの自分の現実を愛してください。そして、心から感謝してください。あなたがいま現在、幸せであっても、そうでなくても、です。

そこにあるどんなものをも、愛しく眺め、すべては自分を成長させるためであり、魂を磨くためであり、より幸せになるためであり、より良くなるためだけにあったのだと、そっと思いやり、認めるのです。

あなたの人生には、不本意なものも、辛いものも、あったかもしれませんが、感謝すべき多くの価値あるものもあり、すべてが自分を目覚めさせ、魂を磨きあげ、より強い光を放つものにしてくれたのです。

覚えておきたいことは、それがどんなものであれ、あなたにいまあるものを愛し、感謝しない限り、なにも良くなることができないということです。

もし、あなたが、なかなか辛い人生から抜け出せないというのだとしたら、そこに、愛と感謝が少しばかり足りなかったのかもしれません。

愛と感謝は、あふれるほど捧げてもいいのです。それは、どのみち、あなたを幸せにするために、戻ってくるだけだからです。

そして、あなたの人生だけでなく、あなた自身をも愛し、感謝したいものです。ここまでさまざまなことを懸命に乗り越えてきた尊い自分を、ここからなお幸せになろうと努力する自分を！

あなたは、とても素晴らしい存在です！　愛と感謝と奇跡に値する人です！

自分の人生にあるものを、まるごと愛するとき、感謝が生まれ、感謝するとき、辛いものすべては一瞬で消え、おだやかな平和が訪れます！　そして、気づいたとき、望んでいた人生が目の前にそっとあるのです。

それこそが、自動的に、あなたの意のまま願いを叶える「クォンタム・フィールド」からの愛であり、感謝であり、思いやりあるやり方なのです！

感謝をこめた「あとがき」

あなたが「フィールド」を愛すると、「フィールド」もあなたを愛する！

幸せで、優しくて、神秘的☆あなたを守る神の力が、いま、まさに働いている

あなたが意識しているものを
「クォンタム・フィールド」も、意識しています
そして
あなたが叶えたいと愛しく観ているものを
「クォンタム・フィールド」も、愛しく観ています

大いなる可能性の場であり、
無意識の領域であり、
完璧なる神の世界であるものは、
いつもあなたが高次元の存在であることを望み

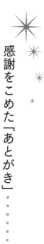

それを祝福します

高次元の存在であるとは
あなたがあなたの中に宿る魂の光を存分に発揮する人でいることです
それは、あなたがあなたらしく、ありのままで生きるときに
必然的に叶います！

あなたがあなたらしくいることほど
尊く、気高く、美しく、素晴らしいものはないのです！
というのも、あなたの魂もまた
完璧なる神の領域から生み出されたものであり、
神の意図が内蔵されており、ある意味、神そのものでもあるからです

神は他のものになりえません

それゆえ
あなたもあなた以外のものにならなくていいのです
唯一無二の大切な存在であることをあなたが自覚するとき
神は、フィールドは、あなたが地上に降りてきたミッションへと
優しく誘うことでしょう！

2021年3月

ミラクルハッピー　佳川　奈未

※「ミラクルハッピー」は、佳川奈未の造語であり、オリジナルな世界観を表すブランドです。また、株式会社クリエイティブエージェンシーの「登録商標」で、法的権利を有するものです。

※本書は科学的な意味あいで量子について語るものではありません。量子の持つ不思議で神秘的なものをスピリチュアルな観点で、その魅力について伝えたいとするものです。

✳ 佳川奈未公式サイト
『ミラクルハッピーなみちゃんの奇跡が起こるホームページ』

http://miracle-happy.com/

✳ 佳川奈未オフィシャルブログ（アメブロ）

https://ameblo.jp/miracle-happy-ny24/

✳ 佳川奈未インスタグラム

https://www.instagram.com/yoshikawanami24/

✳ 佳川奈未オリジナルブランドグッズ通販サイト
『ミラクルハッピー百貨店』ＨＰ

http://miraclehappy-store24.com/

✳ 佳川奈未の個人セッション・各種講座が受けられる！
心と体と魂に優しい生き方を叶える
『ホリスティックライフビジョンカレッジ』HP

http://holistic-life-vision24.com/

《 佳川奈未　最新著作一覧☆ 》

『「いいこと」ばかりが起こりだす　スピリチュアル・ゾーン』	青春出版社
『約束された運命が動きだす　スピリチュアル・ミッション』	青春出版社
『大自然に習う古くて新しい生き方　人生の教訓』	青春出版社
『ほとんど翌日、願いが叶う！　シフトの法則』	青春出版社
『ほとんど毎日、運がよくなる！　勝負メシ！』	青春出版社
『すべてを手に入れる最強の惹き寄せ「パワーハウス」の法則』	青春出版社
『宇宙から「答え」をもらうシンボリック占い』	青春出版社
『たちまち、「良縁」で結ばれる「悪縁」の切り方』	青春出版社
『幸運予告』(初めての語りおろし特別 CD 付／約 40 分収録)	マガジンハウス
『富裕の法則』竹田和平＆佳川奈未　共著	マガジンハウス
『成功チャンネル』	マガジンハウス
『幸運 Gift ☆』エイベックス歌手デビュー CD 付き♪	マガジンハウス
『自分で運命調整する方法』 ☆佳川奈未本人登場！ DVD（52 分収録）	講談社
『運のいい人がやっている「気持ちの整理術」』	講談社
『どんなときもうまくいく人の“言葉の力”☆』	講談社
『怒るのをやめると奇跡が起こる♪』	講談社
『「結果」は自然に現れる！』	講談社
『働かない働き方』	トランスワールドジャパン
『宇宙は「現象」を通してあなたに語る』	ビジネス社
『あなたの願いがいきなり叶う☆「ヴォイドの法則」』	ビジネス社
『自分の病気は自分で治す！』	ビジネス社
『人生が整う「ひとり時間」の過ごし方☆』	ビジネス社
『「お金」は、スピードに乗ってやってくる！』	ビジネス社

その他、著書、多数あり。
※文庫、ムック、電子書籍、POD 書籍、その他の情報は、
★佳川奈未公式サイト『奇跡が起こるホームページ』をご覧ください。

著者紹介

佳川　奈未　作家。作詞家。神戸生まれ。生き方・願望実現・潜在意識・成功・恋愛・お金・幸運テーマの著書は約160冊。海外でも多数翻訳。精神世界にも精通しており、レイキヒーラー・ティーチャー、チャネラー、エネルギーワーカーとしてスピリチュアルな世界を実生活に役立つ形で展開。主宰する「ホリスティックライフビジョンカレッジ」では、潜在意識や願望実現の各種講座や個人セッション、イベントなどを毎月開催！

公式HP http://miracle-happy.com/

あなたの意《い》のまま願《ねが》いが叶《かな》う☆
クォンタム・フィールド

2021年3月20日　第1刷

著　　者　佳《よし》川《かわ》奈《な》未《み》

発 行 者　小澤源太郎

責任編集　株式会社 プライム涌光
電話　編集部　03(3203)2850

発 行 所　株式会社 青春出版社
東京都新宿区若松町12番1号 〒162-0056
振替番号　00190-7-98602
電話　営業部　03(3207)1916

印刷　中央精版印刷　製本　フォーネット社

万一、落丁、乱丁がありました節は、お取りかえします。
ISBN978-4-413-23194-7 C0095

ミラクルハッピー☆ 佳川奈未の好評既刊

「いいこと」ばかりが起こりだす
スピリチュアル・ゾーン
四六判並製
ISBN978-4-413-03993-2
本体1,400円

約束された運命が動きだす
スピリチュアル・ミッション
四六判並製
ISBN978-4-413-23006-3
本体1,400円

大自然に習う古くて新しい生き方
人生の教訓
四六判並製
ISBN978-4-413-23026-1
本体1,400円

ほとんど翌日、願いが叶う！
シフトの法則
四六判並製
ISBN978-4-413-23043-8
本体1,380円

すべてを手に入れる最強の惹き寄せ
「パワーハウス」の法則
四六判並製
ISBN978-4-413-23104-6
本体1,460円

宇宙から「答え」をもらう☆
シンボリック占い
文庫判上製
ISBN978-4-413-11283-3
本体1,852円

幸せな人間関係を叶える「光の法則」☆
たちまち、良縁で結ばれる悪縁の切り方
四六判並製
ISBN978-4-413-23119-0
本体1,400円

お願い　ページわりの関係からここでは一部の既刊本しか掲載してありません。折り込みの出版案内もご参考にご覧ください。

※上記は本体価格です。（消費税が別途加算されます）
※書名コード（ISBN）は、書店へのご注文にご利用ください。書店にない場合、電話またはFax（書名・冊数・氏名・住所・電話番号を明記）でもご注文いただけます（代金引換宅急便）。商品到着時に定価＋手数料をお支払いください。〔直販係　電話03-3207-1916　Fax03-3205-6339〕
※青春出版社のホームページでも、オンラインで書籍をお買い求めいただけます。ぜひご利用ください。〔http://www.seishun.co.jp/〕